Biopiraterie und Indigener Widerstand

BEITRÄGE ZUR DISSIDENZ

Herausgegeben von Claudia von Werlhof

Band 13

PETER LANG

Frankfurt am Main · Berlin · Bern · Bruxelles · New York · Oxford · Wien

Barbara Thaler

Biopiraterie und Indigener Widerstand

Mit Beispielen aus Mexiko

PETER LANG
Europäischer Verlag der Wissenschaften

Bibliografische Information Der Deutschen Bibliothek
Die Deutsche Bibliothek verzeichnet diese Publikation in der
Deutschen Nationalbibliografie; detaillierte bibliografische
Daten sind im Internet über <http://dnb.ddb.de> abrufbar.

Gedruckt mit Unterstützung des Bundesministeriums
für Bildung, Wissenschaft und Kultur in Wien
und mit finanzieller Unterstützung der
Südtiroler Landesregierung/Abteilung für deutsche Kultur.

ISSN 0949-1120
ISBN 3-631-51814-5
© Peter Lang GmbH
Europäischer Verlag der Wissenschaften
Frankfurt am Main 2004
Alle Rechte vorbehalten.

Das Werk einschließlich aller seiner Teile ist urheberrechtlich
geschützt. Jede Verwertung außerhalb der engen Grenzen des
Urheberrechtsgesetzes ist ohne Zustimmung des Verlages
unzulässig und strafbar. Das gilt insbesondere für
Vervielfältigungen, Übersetzungen, Mikroverfilmungen und die
Einspeicherung und Verarbeitung in elektronischen Systemen.

www.peterlang.de

ANSTELLE EINES VORWORTES oder:
BLUMEN MÜSSEN WIE DIE HOFFNUNG GEPFLEGT WERDEN

Anstelle eines Vorwortes möchte ich Subcomandante Insurgente Marcos, dem inoffiziellen Sprecher des Geheimen Revolutionären Indigenen Komitees - Generalkommandatur des Ejército Zapatista de Liberación Nacional, Chiapas, Mexiko, das Wort erteilen:

BLUMEN MÜSSEN WIE DIE HOFFNUNG GEPFLEGT WERDEN[1]

An die Männer und Frauen in Solidarität mit Chiapas, Mexiko, die in Brescia, Italien, versammelt sind.
An die Völker der Welt

Brüder und Schwestern:
Im Namen aller Männer, Frauen, Kinder und Alten des Ejército Zapatista de Liberación Nacional grüße ich Euch und drücke Euch unseren Wunsch aus, dass dieses Treffen zu guten Ergebnissen führen möge. Wir wissen bereits, dass wir Brüder und Schwestern in anderen Ländern und Kontinenten haben.

Uns verbrüdert eine Weltordnung, die Nationen und Kulturen zerstört. Der große internationale Kriminelle, das Geld, hat heute einen Namen, der die Unfähigkeit der Macht widerspiegelt, Neues zu schaffen. Ein neuer Weltkrieg wird heute erlitten. Es ist ein Krieg gegen alle Völker, gegen die Menschen, die Kultur, die Geschichte. Es ist ein Krieg, der von einer Handvoll heimatloser und schamloser Finanzzentren angeführt wird, ein internationaler Krieg: das Geld gegen die Menschheit. "Neoliberalismus" wird heute diese Internationale des Terrors genannt. Die neue internationale Wirtschaftsordnung hat bereits mehr Tod und Zerstörung bewirkt als die großen Weltkriege. Mehr Arme und mehr Tote machten uns zu Brüdern und Schwestern.
Uns verbrüdert die Unzufriedenheit, die Rebellion, die Lust, etwas zu tun, die Nichtkonformität. Die Geschichte, die die Macht schreibt, lehrte uns, dass wir verloren haben, dass der Zynismus und das Gewinnstreben Tugenden seien, die Aufrichtigkeit und die Aufopferung albern, der Individualismus der neue Gott und dass die Hoffnung eine abgewertete Währung sei, deren Kurs auf den internationalen Märkten nicht notiert wird, ohne Kaufkraft, ohne Aussichten. Wir haben die Lektion nicht gelernt. Wir sind schlechte Schüler gewesen. Wir glaubten nicht daran, was die Macht uns lehrte. Wir schwänzten den Unterricht,

---

[1] Marcos: Botschaften aus dem Lakandonischen Urwald. Über den Zapatistischen Aufstand in Mexiko. 3. Aufl., Hamburg: Edition Nautilus 2001. S. 234ff.

wenn Konformismus und Schwachsinn gelehrt wurden. In Modernität fielen wir durch. Als Mitschüler der Rebellion haben wir uns gefunden und uns als Brüder und Schwestern erkannt.

Uns verbrüdert die Phantasie, die Schaffenskraft, das Morgen. In der Vergangenheit sahen wir nicht nur Niederlagen, sondern wir sind auch auf Wunsch nach Gerechtigkeit und auf Träume, besser zu sein, gestoßen. Wir hängten den Skeptizismus an die Garderobe des Großkapitals und entdeckten, dass es ging, dass es sich lohnte, dass es notwendig war, ... an uns selbst zu glauben.

Wir lernten, dass die Einsamkeiten, die zusammengezählt werden, nicht unbedingt eine große Einsamkeit ergeben, sondern ein Kollektiv, das sich jenseits von Nationalitäten, Sprachen, Kulturen, Rassen und Geschlechtern findet und verbrüdert.

Wir, die Zapatisten, befinden uns weiterhin in den Bergen des mexikanischen Südostens, wir sind weiterhin umzingelt, wir werden weiterhin verfolgt, weiterhin ist jede unserer Bewegungen, jede Ruhepause, jeder Schritt vom Tod bedroht. Die Regierung ist weiter in ihrem Palast, sie fährt fort zu umzingeln, zu verfolgen, Tod und Elend anzubieten, zu lügen.

[...]

Es ist evident, dass der Sieg so nahe liegt wie nie zuvor. Wir bereiten uns schon darauf vor, Solidaritätsgruppen mit dem Kampf in Euren jeweiligen Ländern zu bilden. Ihr dürft sicher sein, dass wir Euch bis zum Ende unterstützen werden (das nicht unbedingt der Sieg sein wird). Ihr dürft nicht den Mut verlieren angesichts der Schwierigkeiten und müsst Widerstand leisten. Ihr sollt voranschreiten, und denkt daran, dass es in den Bergen des mexikanischen Südostens ein kollektives Herz gibt, das auf Eurer Seite ist und Euch unterstützt. Fühlt Euch nicht allein oder isoliert.

Wir blicken weiterhin auf Euch und vergessen Euch nicht.

Soweit. Salud und vergesst nicht, dass die Blumen, wie die Hoffnungen, gepflegt werden müssen.

Aus den Bergen des mexikanischen Südostens
Subcomandante Insurgente Marcos

INHALTSVERZEICHNIS

EINLEITUNG 9

I. 1. BIODIVERSITÄT, BIOPROSPEKTION, BIOPIRATERIE 15
1.1 Biodiversität 15
1.1.1 Die Beziehung zwischen Biodiversität und sogenannten „Marginalisierten" 19
1.2 Bioprospektion 24
1.3 Biopiraterie 27

I. 2. INTERNATIONALE BIODIVERSITÄTSPOLITIK, PATENTE UND GEISTIGE EIGENTUMSRECHTE, TRIPS 33
2.1 Internationale Biodiversitätspolitik 34
2.2 Patente 36
2.3 Geistige Eigentumsrechte, Trips 38
2.4 Internationale Fälle von Biopiraterie und Patentierung 41
2.4.1 Das Patent als Lizenz für Biopiraterie 42
2.4.2 Gen-Giganten als Monopolbeherrscher der lebendigen Vielfalt 47

II. 1. ANNÄHERUNG AN DAS ANDERE – NEGIERUNG DER VIELFALT 53
1.1 Indianer, Indio oder Indígena? 55
1.2 Das Andere 57
1.2.1 Das Andere oder: die Kolonien des Weißen Mannes 58
1.3 Negierung der Vielfalt – oder: Die Projizierung eurozentristischer Vorstellungen auf das Andere 61

II. 2. MEXIKO – oder: VON DER NOTWENDIGKEIT DES WIDERSTANDES 73
2.1 Mexiko, ein selbsternanntes Land der Ersten Welt? oder: NAFTA & Co. 74
2.1.1 FTAA – Das wiederauferstandene MAI 78
2.1.2 Der Plan Puebla Panamá PPP 83
2.2 Artenvielfalt und Biopiraterie in Mexiko 85
2.2.1 Die Geschichte des Mais, oder: die subsistenzzerstörerischen Auswirkungen von Gentechnik und Patentrecht 86
2.3 Indigener Widerstand 89

2.3.1 Der Aufstand der Zapatisten oder: „Der erste postkommunistische Aufstand des 21. Jahrhunderts" (Carlos Fuentes)   91
2.3.2 Indigener Widerstand über den Zapatisten-Aufstand hinaus   99
2.3.3 ICBG Maya – Widerstand gegen Biopiraterie   104

„ES IST NICHT NOTWENDIG, EINE NEUE WELT ZU EROBERN,
ES REICHT, SIE NEU ZU MACHEN. DURCH UNS. HEUTE."   109

Literaturverzeichnis   115

EINLEITUNG

Am 1.1. 1994 trat der Freihandelsvertrag zwischen den USA, Mexiko und Kanada in Kraft. Mexiko ist seitdem selbsternanntes Mitglied der Ersten Welt. Die kulturelle Alternative und Vielfalt des Landes steht dabei (seit über 500 Jahren) ebenso auf der Abschussliste, wie die biologische Vielfalt: multinationale Unternehmen werden angelockt von dem außerordentlichen Artenreichtum des Landes, um dort Biopiraterie zu betreiben indem die Biodiversität praktisch kostenlos gesammelt, in Labors gentechnisch verändert und damit patentierbar gemacht wird, um dann mit Hilfe des Patentwesens patentgeschützte, teure Medikamente oder Kulturpflanzen herzustellen.
Damit bin ich auch schon bei der ersten These dieser Arbeit: sowohl die biologische Vielfalt, also Natur (Samen, Pflanzen...), als auch die kulturelle Vielfalt (indigene Völker, nicht-weiße Menschen, subsistenzorientierte bäuerliche Gemeinschaften...) werden als Kolonien des Weißen Mannes gehandelt. Mit Hilfe der Instrumente Bioprospektion, Gentechnik, Patentwesen und Globalisierung (NAFTA, GATT, WTO ...) sollen Monopole über Leben in den Händen einiger weniger Konzerne konzentriert werden. Die Erzielung von Gewinnen aus geraubtem Eigentum und Wissen durch die Schaffung von Privateigentum (lateinisch privare: rauben) sind jedoch nur das oberflächlich sichtbare Ziel der neoliberal-patriarchalen Elite. Biopiraterie, Neu-Zusammensetzung und Patentierung von Lebewesen umfassende neoliberale Wirtschaftsordnung sind die modernen Bestandteile oder einzelne Mittel des alchemistisch-patriarchalen Programms *Teile und herrsche*, das vor allem auch die endgültige Macht über das Leben anstrebt. Damit sind wir beim Kern und zentralen Thema dieser Arbeit: der gemeinsame Hintergrund von Gentechnologie und Globalisierung liegt im patriarchalen Projekt, sich den Lebensursprung selbst zuschreiben und damit uneingeschränkt über alles Leben und seine Zukunft verfügen zu wollen.[2]
Die Gentechnologie, deren Methoden die Voraussetzung zur Patentierung von Lebewesen liefert, scheint momentan das geeignetste Mittel zur "Beherrschung" der herkömmlichen Formen des Lebens zu sein. Die Gentechnologie ist also keineswegs das Endziel, sondern lediglich der vorläufig letzte Versuch, die patriarchalen Utopien von der Überwindung und Ersetzung natürlichen Lebens in die Wirklichkeit umzusetzen.
Ausgehend von dieser ersten These soll die spezifische These behandelt werden: die patriarchale Weltanschauung, die vom Weißen Mann als dem Maß aller Dinge ausgeht, lässt keinen Raum für Vielfalt - Vielfalt muss der Hierarchie

---

[2] Vgl. Werlhof, Claudia von: Mutter-Los. Frauen im Patriarchat zwischen Angleichung und Dissidenz. 1.Aufl., München: Verlag Frauenoffensive 1996. S.16.

weichen. Alles, was anders ist, wird zum verwertbaren "Anderen" gemacht: "Wilde" und Frauen werden als "ungleich" und minderwertig behandelt und von der Kultur hinaus- in die Natur hineindefiniert, und die Vielfalt der Natur wird auf ihren rein kommerziellen Wert reduziert. Quellen der Lebenserneuerung (Samen, Mutterschoß) werden wertlos gemacht, zerstückelt und kolonisiert und damit zu einem neuen Ort der Kapitalanhäufung und zu einer neuen Quelle der Macht und Kontrolle. [3]

Die Zerstörung der Diversität und die Schaffung von Monokulturen erscheinen also für das kapitalistische Patriarchat unerlässliche Etappenziele, immer das Endziel des unabhängigen Schöpfens mit dem Anspruch auf Verbesserung, ja Perfektion, vor Augen.

Zur Verständlichkeit der Arbeit müssen das Patriarchat, sein Projekt, seine Theorie und Entstehung beschrieben werden. Alle Themen, die in dieser Arbeit behandelt werden, haben mit dem System des Patriarchats zu tun, dennoch soll diese Arbeit keine Geschichte des Patriarchats sein, sondern im Spezifischen auf die Instrumente des kapitalistischen Patriarchats heute eingehen, die da wären: Gentechnologie, Patentwesen und Neoliberalismus sowie Kolonialismus und Unterdrückung.

Im ersten Hauptteil dieser Arbeit (I.) versucht die Autorin die Begriffe Biodiversität, Bioprospektion und Biopiraterie zu klären und die gegenseitige Abhängigkeit zwischen biologischer Vielfalt (als Mittel zum Lebensunterhalt und Produktionsmittel) und Marginalisierten, die herausragende Rolle von Frauen bei der Nutzung und Erhaltung der Biodiversität und den Zusammenhang zwischen der Marginalisierung von Frauen, Indigenen und Bauern und der Zerstörung der Biodiversität zu beleuchten.

Ein zweiter Hauptpunkt innerhalb des ersten Teils ist die Fokussierung auf die politisch-institutionellen Voraussetzungen zu Gunsten der transnationalen Unternehmen (I.2.1 *"Internationale Biodiversitätspolitik"*), auf Patente im Allgemeinen und die Idee dahinter, auf das *Agreement on Trade Related Aspects of Intellectual Property Rights* (kurz TRIPS genanntes Abkommen über geistige Eigentumsrechte) der WTO als Machtinstrument der Industrieländer zur Unterstützung transnationaler Konzerne, sowie auf einige internationale Fälle von Biopiraterie und Patentierung. *"Das Patent als Lizenz für Biopiraterie"* (I.2.4.1) ist geprägt von einem kurzen geschichtlichen Abriss über die Patentierung von Leben, sowie den Fällen von Biopiraterie, möglich gemacht durch das Instrument *Patent*, an der südamerikanischen Ayahuasca-Pflanze, am

---

[3] Vgl. Werlhof, Claudia von (Hrsg.): MAInopoly: Aus Spiel wird Ernst. in: Mies, Maria, Werlhof, Claudia von: Lizenz zum Plündern. Das Multilaterale Abkommen über Investitionen "MAI". 3. Aufl., Hamburg: Rotbuch-Verlag.1999
Vgl. Shiva, Vandana: Das indigene Wissen der Frauen und die Erhaltung der Biodiversität. in: Ökofeminismus, S. 229ff.

indischen Basmati-Reis und am Neem-Baum. *"Gen-Giganten als MonopolbeHERRscher der lebendigen Vielfalt"* (I.2.4.2) spricht vom Hintergrund und den Auswirkungen des Saatgutkrieges anhand des Konfliktes Monsanto vs. Schmeiser, sowie von den rasanten Konzentrationstendenzen auf dem weltweiten Saatgutmarkt. Vorausgeschickt sei, dass sich die Autorin im Zusammenhang mit Biodiversität, -piraterie und Gentechnik und ihrem Zusammenspiel mit internationaler Biodiversitätspolitik, Patenten und dem TRIPS-Abkommen in erster Linie mit der "grünen" Gentechnologie (auf Pflanzen bezogene Ressourcen) auseinandergesetzt hat. Die "rote" Gentechnologie und die ethischen Fragen bezüglich der Patentierung von Leben sind nur am Rande Gegenstand dieser Arbeit. Es wäre Ausdruck von Blindheit und Naivität, nicht den gemeinsamen Hintergrund beider Formen der Gentechnologie zu sehen: die allgemeine Verrohstofflichung der menschlichen und außermenschlichen Natur als neue zukunftsträchtige Energiequelle bildet im Prinzip nur die Grundlage von neuer Forschung und dem neuen Geschäft mit dem Leben, um es mit den Worten Claudia von Werlhof's auszudrücken.[4]

Der zweite Hauptteil dieser Arbeit (II.) beschäftigt sich mit Mexiko als empirischem Beispiel für Fälle von Biopiraterie, aber auch für (indigenen) Widerstand. Ausgehend vom Problem der Begriffsbestimmung und einer Annäherung an das Andere versuche ich die These der Negierung von Vielfalt zur Schaffung von Kolonien anhand der indigenen Bevölkerung Mexikos zu untermauern. Die zentrale These dahinter handelt von der Kolonialisierung als Grundstein des westlichen Fortschrittsmodells: Frauen, Natur, und andere Völker werden mit Hilfe von Gewalt zum verwertbaren "Anderen" gemacht, das man sich beliebig aneignen kann. Und genau dort setzt der Widerstand der indigenen Gruppen an: wenn zwischen kolonialer Gewalt und Fortschritt eine enge Beziehung, ja, eine Abhängigkeit voneinander besteht, muss das Paradigma der nachholenden Entwicklung und des Fortschritts abgelehnt werden, um nicht weiter als Zielscheibe kolonialer Gewalt in all ihren Auswirkungen dienen zu müssen.

Die Wahl Mexiko´s als empirisches Beispiel habe ich aus mehreren Gründen getroffen. Einmal, weil Mexiko als eines der artenreichsten Länder unseres Planeten für multinationale Konzerne von besonderem Interesse ist; weiters ist der Anteil der Indigenen, gemessen an der Gesamtbevölkerungszahl beträchtlich, ihre Rechte werden jedoch seit Jahrhunderten immer wieder mit Füßen getreten, soweit sie überhaupt „Rechte" besitzen; dennoch oder gerade deshalb ist in Mexiko der (indigene) Widerstand gegen das neoliberale Programm, das konkreten Ausdruck im Freihandelsvertrag NAFTA findet, groß.

---

[4] Werlhof, Claudia von: "Schöpfung aus Zerstörung?" Die Gentechnik als moderne Alchemie und ihre ethisch-religiöse Rechtfertigung. in: Baier, Wilhelm R. (Hg.): Genetik. Einführung und Kontroverse. Graz: Leykam Buchverlagsgesellschaft 1997. S. 86

Nicht umsonst fand und findet *"die erste postkommunistische Revolution im 21. Jahrhunderts"* (Carlos Fuentes), der zapatistische Aufstand, in Chiapas, einem der rohstoffreichsten und gleichzeitig ärmsten Bundesstaaten Mexikos, statt. Widerstand findet dort aber auch auf anderen Ebenen statt, als Beispiel wäre die Organisation auf Gemeindeebene zu nennen. Ein weiterer Grund für die Wahl Mexikos als empirisches Beispiel ist auch die Tatsache, dass die Autorin zwei Monate lang in Oaxaca und Chiapas zum Thema indigener Widerstand forschen konnte und einen kleinen Einblick in die Vorgehensweise der Konzerne und der neoliberalen Regierung unter Präsident Vicente Fox erhalten hat.

Zum besseren Verständnis der Arbeit ist eine kurze Ausführung des Projektes des Patriarchats und seines engen Zusammenhangs mit der sogenannten „Alchemie" unerlässlich.
Die Begriffe Matriarchat und Patriarchat haben denselben Stamm *arché* im zweiten Wortteil. Arché bedeutet Ursprung, und nicht Herrschaft oder Gesetz, wie heute übersetzt wird. Mater-arché bedeutet also den Ursprung durch die Mutter. Die Umformulierung auf pater-arché lässt bereits einen Schluss über das Projekt des Patriarchats zu: es geht um die Übernahme des Lebensursprungs.[5]
Die Utopie von einer patriarchal geschaffenen Natur, Gesellschaft und Menschlichkeit existiert bereits seit mindestens 3.000 Jahren, der Versuch der Ausdehnung des Patriarchats auf alle gesellschaftlichen Bereiche beginnt hingegen mit der Neuzeit. Einen ersten Versuch, die patriarchalen Utopien von der Überwindung natürlichen Lebens in die Wirklichkeit umzusetzen, lieferte die vorneuzeitliche Alchemie durch die Verdrängung des Natürlichen und die Schaffung von Künstlichem, ausgedrückt durch den Homunculus im Reagenzglas (Paracelsus), dem Versuch, eine Art erster Reagenzglasgeburt zu bewerkstelligen. Ab diesem Zeitpunkt wurden alle Bereiche des Lebens in das patriarchale Projekt einbezogen. Zwar betonen die Alchemisten des Abendlandes im Mittelalter noch die Weiblichkeit der Natur, jedoch nur, um sie anschließend zu ersetzen versuchen. Moderne Alchemie können wir also als patriarchale Praxis nach der mechanistischen Auffassung der Natur als "Baukasten" und dem Motto *Teile und herrsche* oder *Löse und Binde* definieren[6]
Innerhalb der Geschichte des Patriarchats stellt die Alchemie zugleich Bruch und Kontinuum dar: der Bruch liegt in dem nunmehr praktischen Versuch der

---

[5] Vgl. Werlhof, Claudia von: Mutter-Los. Frauen im Patriarchat zwischen Angleichung und Dissidenz. 1. Aufl., München: Verlag Frauenoffensive 1996. S.16
[6] Vgl. *Werlhof*, Claudia von: Schöpfung aus Zerstörung? Die Gentechnik als moderne Alchemie und ihre ethisch-religiöse Rechtfertigung. in: Baier, Wilhelm R. (Hg.): Genetik. Einführung und Kontroverse. Graz: Leykam 1997. S. 100
Werlhof, Claudia von: Patriarchat als ‚alchemistisches System'. Die (Z)ErSetzung des Lebendigen, in: Wolf, Maria [Hrsg.]: Optimierung und Zerstörung. Studia-Universitätsverlag, Innsbruck 2000

Konkretisierung von Mutter- und Naturersatz, das Kontinuum in der Weiterführung des patriarchalen Gedankens. Gentechnologie ist eines der Mittel, um das Ziel der Alchemie zu erreichen: die Erzeugung eines Lebenselixiers und die Konstruktion des alchemistischen Homunculus, sprich: die Kreation eines anderen Lebens.

Seit der Wende zur Neuzeit, die mit der Entdeckung Amerikas eingeläutet wird und als konstitutiv für die westliche Welt gilt, soll die Technik und die ihr immanente Methode des *Teile und herrsche* dem Bau einer neuen Natur dienen: ging es dem Patriarchat bis zur Neuzeit vorrangig um die Konstituierung, den Erhalt und den Ausbau von Macht, arbeitet der männliche Tatendrang seit der Wende zur Neuzeit darauf hin, die Schöpfungen der Natur zu „verbessern" und durch patriarchale Kunstproduktionen zu ersetzen. Und so ist das moderne Patriarchat durch drei Kolonisierungen gekennzeichnet: die Kolonisierung von Natur, Frau und Dritter Welt.[7]

Hinter jeder Kolonisierung steckt der Traum patriarchal denkender Männer, sich die Erde und die Natur untertan zu machen. Die Natur wird verändert im Glauben, die Natur besser gestalten zu können als die Natur selbst. Dabei wird ohne zu zögern Natur in großem Stil vernichtet. Gleichzeitig wird Leben von der Kultur hinaus- in die Natur hineindefiniert, um es abwerten, nach eigenem Gutdünken ändern und neu-erschaffen zu können. Das Letztere bleibt aber ein Wahn-Projekt.

Insgesamt hat die Verfasserin während der Erstellung dieser Arbeit eine persönliche Veränderung erfahren: sie hat zur Kenntnis nehmen müssen, dass die Projekte der modernen Landwirtschaft in Händen der Konzerne nicht „aus Versehen" zur Schädigung der Natur und des Lebens führen. Dieser Schaden wird bewusst herbeigeführt, um die Gewinne und die Macht der Konzerne zu erhöhen. Alle(s) soll(en) von ihnen abhängig sein und für immer, obwohl dies gleichzeitig bedeutet, die Lebenschancen von Mensch und Natur immer mehr zu verringern. Dieses Paradox, so meine Hoffnung, kann nicht dauerhaft bestehen bleiben.

---

[7] Vgl.: Shiva, Vandana: GATT, Landwirtschaft und Frauen der Dritten Welt, in: Mies, Maria/ Shiva, Vandana: Ökofeminismus, S. 318

I. 1. BIODIVERSITÄT, BIOPROSPEKTION, BIOPIRATERIE

I. 1.1 Biodiversität

Der Begriff Biodiversität[8] bedeutet biologische Vielfalt und deutet im Allgemeinen auf eine große Artenvielfalt hin. Eine umfassende Definition des Begriffs "Biodiversität" liefert der Artikel 2 der Konvention über die biologische Vielfalt[9]:

"Die Variabilität unter lebenden Organismen jeglicher Herkunft, darunter unter anderem Land-, Meeres- und sonstige aquatische Ökosysteme und die ökologischen Komplexe, zu denen sie gehören; dies umfasst die Vielfalt innerhalb der Arten und zwischen den Arten und die Vielfalt der Ökosysteme."

Schätzungen über die zur Zeit existierende Artenzahl schwanken zwischen 3,6 Millionen und 100 Millionen; rund 1,7 Millionen davon wurden bisher beschrieben. Laut aktuellem Stand gehören 3058 definierte Arten zu den Bakterien, 260.000 zu den Gefäßpflanzen, 70.000 zu den Pilzen, 500.000 zu den Viren, 45.000 zu den Wirbeltieren und 950.000 zu den Insekten. Jährlich sterben durchschnittlich 27.000 Arten aus - eine Zahl die tausendmal über der natürlichen Aussterberate liegt - ein Indikator für die (arten-)zerstörenden Maßnahmen des Menschen, der nur eine Art unter Millionen ist.[10]

Biodiversität soll an dieser Stelle aber nicht, wie so oft, auf ihren statistischen und zahlenmäßigen Wert, auf die rein buchhalterische Aufzählung von Artenzahl oder Formenvielfalt, reduziert werden. Für das Verständnis von Biodiversität ist vielmehr ein Ansatz, der die gegenseitigen Beziehungen und Abhängigkeiten zwischen den einzelnen Arten berücksichtigt, wichtig. Deshalb sieht Vandana Shiva die ökologisch vielfältigen Wechselwirkungen zwischen den verschiedenen Arten als wichtigsten Indikator zur Diversität eines Ökosystems.[11]

---

[8] Der Begriff "Biodiversität" trat bereits Anfang der 80er Jahre vereinzelt auf; zum Schlagwort für Umweltschützer und Politiker wurde der Begriff aber erst im Jahre 1986 im Anschluss an das *National Forum on BioDiversity*. Die 1988 unter dem Titel "Biodiversity" von Edward O. Wilson herausgegebene Publikation zum Forum gilt vielfach als "Gründungsdokument" der Biodiversitätsdebatte.
Vgl. Flitner, Michael: Lokale Gemeingüter auf globalen Märkten. In: Biologische Vielfalt: wer kontrolliert die genetischen Ressourcen?, S. 244
[9] Siehe dazu Fußnote 36 bzw. *I. 2.1. „Internationale Biodiversitätspolitik"*
[10] Vgl.: Shiva, Vandana: Biodiversität. Plädoyer für eine nachhaltige Entwicklung, S. 9-12
[11] Vgl.: Ebda., S. 14

Vandana Shiva bezeichnet Biodiversität als Vielfalt des Lebens, als reiche Vielfalt der Lebensformen auf der Erde. Biodiversität liefert so den Rahmen für Entwicklung und Erhaltung des Lebens. Biologische Diversität ist eng mit kultureller Diversität verbunden, ja, sie sind voneinander abhängig: biologische Vielfalt, als Verkörperung jahrhundertelanger kultureller Evolution, hat die unterschiedlichen Kulturen der Erde geprägt, geformt. Das ökologische Gleichgewicht der Erde, das durch ökologische Prozesse aufrecht erhalten wird, ist in hohem Maße von der Biodiversität abhängig. In diesem Sinne besteht auch zwischen dem Zusammenbruch der biologischen und der kulturellen Vielfalt ein enger Zusammenhang: beide sind durch die wirtschaftliche Globalisierung bedroht, die eine rasche Zunahme der biologischen und gesellschaftlichen Monokulturen zur Folge hat. Hinter dieser Vorgangsweise liegt die Betrachtung anderer Lebensformen als rein biologische und/ oder genetische Rohstoffe.[12]

Überhaupt hat die wirtschaftliche Globalisierung, die auf reduktionistischem Wissen und mechanistischen Technologien beruht, zu einer Verwandlung von immer mehr Natur in eine Ware geführt. Die Natur gilt als eine Ressource und wird allein auf ihren Wert als Rohstoff reduziert. Gleichförmigkeit und angeblich ertragsreichere Monokulturen treten an die Stelle von Heterogenität und Mischkulturen - das Paradigma der Monokultur und die geplante Ausrottung der Heterogenität und der Mischkulturen gilt dabei sowohl auf biologischem als auch auf kulturellem Gebiet als Ziel: die Diskriminierung, Abwertung und Negierung von Vielfalt (der *andere,* weil anders, wird als ungleich und minderwertig behandelt), die Reduktion der Natur auf ihren Wert als Rohstoff, die Ausbeutung und Patentierung der Biodiversität und die Schaffung von Monokulturen als Methoden des westlichen, patriarchalen, alchemistischen Modells *"Teile und herrsche"* mit dem Ziel der Beherrschung der Natur und der Kultur. Lebensabläufe werden wertlos gemacht und natürliche Wachstumszyklen zerrissen, ihre Zerstückelung wird zur Quelle für die Schaffung von Wert und Reichtum. Industrialisierung und Kommerzialisierung der Fortpflanzung mit dem Endziel des unabhängigen Schöpfens, nimmt durch die Verfahren der Gentechnik konkrete Formen an - bisher war man(n) ja vom wissenschaftlich nicht exakt berechen- und deshalb nicht beherrschbaren Rhythmus der Natur bzw. des Körpers der Frau abhängig. Innerhalb der biologischen Vielfalt gibt es drei biologische Ebenen der Organisation: die Diversität der genetischen Ausstattung, der Arten und der Ökosysteme. Genetische Biodiversität bedeutet Formenvielfalt auf der genetischen Ebene. Die Reduzierung der biologischen Vielfalt allein auf die genetische Ebene ist völlig unzureichend, da Wert und Funktionen lebender Organismen auf höherer Organisationsebene wichtig sind. Artenvielfalt

---

[12] Vgl.: Ebda., S. 9-12

entspricht dem Artenreichtum eines Ökosystems. Die ökologische Bedeutung der Spezies (Art) ist sehr unterschiedlich: während ein Baum im tropischen Regenwald[13] mehr als einhundert auf ihn angewiesene Insektenarten beherbergen kann, gehört zu einer europäischen Alpenpflanze vielleicht keine andere, ganz von ihr abhängige Art. Ein Ökosystem ist eine ökologische Einheit, ein ökologisch und biologisch organisiertes System mit einer vielfältigen Flora und Fauna. Wichtigster Indikator zur Diversität eines Ökosystems sind die ökologisch vielfältigen Wechselwirkungen zwischen den verschiedenen Arten. Aufgrund gegenseitiger Beziehung und Abhängigkeit kann Biodiversität nicht losgelöst vom Gesamtzusammenhang betrachtet werden. So bedeutet, beispielsweise, die Ausrottung einer Art nicht nur den Verlust dieser bestimmten Art, sondern auch eine Bedrohung der anderen Arten, die bisher durch ökologische Prozesse von der ausgestorbenen Art unterstützt wurden: verschwindet eine Pflanze, so verschwinden mit ihr zwanzig oder vierzig auf sie angewiesene Wirbeltier- oder Insektenarten. Zahlen der Weltnaturschutzorganisation zufolge sind 1029 Vogelarten, 1083 Insekten-, 507 Säugetier-, 169 Reptilien-, 57 Amphibien-, 713 Fisch-, 409 Mollusken-, 154 Korallen- und Schwammarten, sowie 139 Ringelwurm- und 126 Krebstierarten bedroht - dies entspricht einer Bedrohung von 11,7 Prozent der Säugetierarten, 10 Prozent der Vogel-, 3,67 Prozent der Fisch- und 3,5 Prozent der Reptilienarten. Artensterben gibt es auch ohne Zutun des Menschen als natürlichen Prozess. Die Erosion der Biodiversität als systematisches Folgeprodukt der Industrialisierung ist allerdings auf die rasante Beschleunigung der Zerstörung der biologischen Vielfalt zurückzuführen: Pflanzen und Tiere, die noch vor wenigen Jahren häufig waren, sind heute bereits verschwunden. Die Umwandlung von riesigen Wald- und Ackerlandflächen in Monokulturen als Folge des Zusammenschlusses des Weltmarkts, führt zur unweigerlichen Zerstörung der biologischen sowie der kulturellen Vielfalt von lokalen Gemeinschaften. Beispielsweise zerstört der Saatgutmarkt bisherige Beziehungen zwischen Familien, Nachbarschaften und lokalen Gemeinschaften. Diversität wird im vorherrschenden Paradigma der Produktion, einem "eindimensionalen Monokulturparadigma", in den Gegensatz zu Produktivität gestellt. Daraus folgt ein Gebot für Gleichförmigkeit und (chemieabhängige) Monokulturen zur Zerstörung der Vielfalt, mit dem Ziel der Produktivitätssteigerung, so werden in der Landwirtschaft neue und einförmige, vor allem aber sich selbst nicht erneuernde Kulturpflanzen eingeführt, was zu einer Zerstörung der Vielfalt einheimischer Sorten auf den Feldern führt. Die vielfältigen Funktionen der

---

[13] Die reichhaltigsten Ökosysteme der Erde sind tropische Regenwälder, die rund sieben Prozent der Erdoberfläche bedecken und dabei bis zu siebzig Prozent aller Arten beherbergen.

verschiedenen Arten (so auch die Aufrechterhaltung des Ökosystems) werden dabei einfach außer Acht gelassen.[14]
Dadurch, dass der Wert der Natur[15] auf seine profitable wirtschaftliche Ausbeutung reduziert wird, wird Diversität zu einem Problem, zu einem Mangel reduziert. Zerstörung der Diversität und die Schaffung von Monokulturen werden so für das patriarchale Fortschrittsmodell[16] unerlässlich:

" Der Verlust an Vielfalt ist der Preis, der im patriarchalen Fortschrittsmodell bezahlt wird, das unerbittlich auf Monokulturen, Uniformität und Homogenität hinzielt. Unter dieser pervertierten Fortschrittslogik leidet sogar die Erhaltung der Natur. Die landwirtschaftliche ‚Entwicklung' arbeitet weiterhin auf ein Auslöschen der Diversität hin, während dieselben globalen Interessen, die die Biodiversität zerstören, die Dritte Welt dazu drängen, sie zu erhalten. Diese Trennung von Produktion und Konsum, mit auf Uniformität gestützter ‚Produktion' einerseits und einem Naturschutz, der verzweifelt versucht, die Diversität zu erhalten, spricht gegen den Schutz der Diversität. Sie kann nur geschützt werden, indem Vielfalt zur Basis, Grundlage und Logik der Produktionstechnologien und -wissenschaften gemacht wird."[17]

Biodiversität ist über die Anzahl der Arten und Formen hinaus der Schlüssel zum "Welthungerproblem" und damit das einzige Mittel, das ALLEN Nahrung garantieren kann und immer garantiert hat. Jahrzehntelang absichtlich verbreitete Fehlinterpretationen zu Mythen vom Hunger[18] haben allerdings zum Glauben daran geführt, dass nur Deregulierung, Gentechnik und Produktionssteigerung den Hunger besiegen könnten. Die Lobbys der Agrarindustrie und der reichen Länder schaffen es immer wieder, aus dem

---

[14] Siehe dazu: Shiva, Vandana: Biodiversität. Plädoyer für eine nachhaltige Entwicklung. S. 11-19
[15] Vgl. Fußnote 29
[16] Vgl. Fußnote 30
[17] Shiva, Vandana: Das indigene Wissen der Frauen und die Erhaltung der Biodiversität, in: Ökofeminismus, S. 229-230
[18] Weltweit leiden rund 800 Millionen Menschen Hunger. Nicht der Hunger selbst wird hier als Mythos verstanden, sondern die Lügengeschichten, die absichtlich verbreitet werden, um Technik, Gentechnologie und die grüne Revolution als unverzichtbare Maßnahmen darzustellen, skeptische Stimmen zu beruhigen und der Technologie Akzeptanz zu verschaffen.
Peter Rosset, Direktor des *Food First Institute*, spricht von 12 Mythen (u.a.: es gebe zu wenig Nahrungsmittel und zu viele Menschen, die Natur sei verantwortlich für den Hunger; Freihandel, der freie Markt, Gentechnologie, mehr US-Hilfe und die grüne Revolution seien wirksame Maßnahmen um den Hunger zu besiegen).
Vgl.: Rosset, Peter: 12 Mythen vom Hunger, in: Biologische Vielfalt: wer kontrolliert die genetischen Ressourcen?, S. 211-219

Mythos vom Hunger Kapital zu schlagen: die globale landwirtschaftliche Massenproduktion wird weiter vorangetrieben, und die manipulierte, entsolidarisierte und oft gleichgültige Bevölkerung der ersten Welt schaut zu, oft noch am Glauben festhaltend, das Vorgehen der Multis könne und werde tatsächlich den Hunger beseitigen.
Der Schlüssel zum "Welthungerproblem" liegt in Wahrheit aber im Zusammenhang zwischen Biodiversität und den "Armen": auf der einen Seite bedeutet die fortschreitende Einverleibung und Zerstörung der Biodiversität eine Zunahme des Hungers auf der Welt, da Menschen von ihrem Land und ihren Ressourcen getrennt werden, auf der anderen Seite aber liefert Biodiversität die Chance zum gesicherten Überleben und der Nachhaltigkeit der Existenzgrundlagen bei nachhaltiger Behandlung und Nutzung der Biodiversität - Biodiversität also als unerlässliches Mittel zur Erzielung des Lebensunterhalts für sogenannte "Marginalisierte".

I. 1.1.1 Die Beziehung zwischen Biodiversität und sogenannten "Marginalisierten"

In ganz besonderem Ausmaß ist Biodiversität Mittel zum Lebensunterhalt und zugleich "Produktionsmittel" der Armen, denen der Zugang zu anderen Vermögen oder Produktionsmitteln unmöglich gemacht wurde. Viele Gemeinschaften in der Dritten Welt stützen ihre Wirtschaftssysteme bezüglich Lebensunterhalt und Wohlbefinden auf biologische Ressourcen. Somit ist das Überleben und die Nachhaltigkeit der allgemeinen Versorgung an die Erhaltung und nachhaltige Nutzung der biologischen Ressourcen in all ihrer Vielfalt gebunden.[19]

Die Beziehung zwischen lokalen Gemeinschaften und biologischer Vielfalt ist sehr komplex: Jäger- und Sammler-Gemeinschaften nutzen Pflanzen und Tiere als Nahrung, Arznei und zum Bauen von Unterkünften. Zudem haben Hirten-, Fischer- und bäuerliche Gemeinschaften Wissen und Fertigkeiten entwickelt, um aus der biologischen, lebendigen Vielfalt einen nachhaltigen Lebensunterhalt zu gewinnen. Ihr Leben wird durch die Biodiversität spirituell, kulturell und wirtschaftlich bereichert, während sie ihrerseits die biologische Vielfalt der Erde bereichern.[20]

Die auf Biodiversität gestützten Technologien von Stammes- und Bauerngesellschaften werden aber durch sogenannte "fortschrittliche", biodiversitätszerstörende Technologien ersetzt, da diese als rückständig und primitiv gelten und angeblich von geringer Produktivität seien. Die landwirtschaftliche "Entwicklung" arbeitet auf ein Auslöschen der Diversität

---

[19] Vgl.: Shiva, Vandana: Das indigene Wissen der Frauen und die Erhaltung der Biodiversität, in: Ökofeminismus, S. 231
[20] Vgl.: Shiva, Vandana: Biodiversität. Plädoyer für eine nachhaltige Entwicklung, S. 22

hin, während jene globalen Interessen, die die Biodiversität zerstören, die Dritte Welt dazu drängen, sie zu erhalten. Umweltschutz betrifft in besonderem Ausmaß auch Frauen, da sie die ersten Opfer der Verunreinigung durch die Industrie sind. Die Privilegierten hingegen fordern den Erhalt der natürlichen Ressourcen aufgrund ihres ökonomischen Wertes, ihres persönlichen Vergnügens, der Sportmöglichkeiten usw. Die Privilegierten dürfen sich zwar an der Schönheit ungebändigter Flüsse, Reservate für wilde Blumen und Tiere sowie einem Ausblick erfreuen, der nicht durch Hochhäuser und Schnellstraßen gestört wird, sind jedoch nicht gezwungen, den Schritt über die Grenzen ihrer eigenen noch unangetasteten kleinen Welt zu wagen, und das politische und ökonomische Prinzip in Frage zu stellen, das dem Unternehmensprofit einen höheren Stellenwert beimisst als Vielfalt.[21]

Bei der Aussage, auf Biodiversität basierende Produktionssysteme seien von geringer Produktivität, handelt es sich außerdem um einen absichtlich verbreiteten Irrtum. Die angeblich geringe Produktivität des einen Systems und ihr Vergleich zur angeblich hohen Produktivität von uniformen und homogenen Systemen ist von kommerziellen Interessen beeinflusst, die nur den Ertrag und den Output in die Messung miteinbeziehen, da die Maximierung des eindimensionalen Outputs (= die Uniformität von Ernteerträgen) wirtschaftlich unbedingt notwendig für homogene Systeme und somit alleiniger Indikator ist.[22]

In der Landwirtschaft wird Produktivität definiert als die Menge an Erntefrüchten, die ein landwirtschaftlicher Betrieb pro Fläche hervorbringen kann, also die Gesamtheit der Erträge aller angebauten Pflanzen. Da bei vielfältigem Anbau und Mischkulturen der Boden effizienter und auf natürlichere Weise genutzt wird als bei Monokulturen, kann die Produktivität insgesamt höher sein als beim Monokulturbetrieb, auch wenn die einzelnen angebauten Pflanzensorten niedrigere Erträge bringen als die Hochertragssorten des Monokulturbetriebs.[23]

Fragwürdig ist die angeblich hohe Produktivität nicht nur deshalb, weil nur der Ertrag und der Output eines bestimmten Teils der Feldfrucht in die Kategorie miteinbezogen werden; auch untergräbt die Uniformität von Ernteerträgen die Diversität biologischer Systeme, die die Existenzgrundlage von Menschen bilden, deren Arbeit die verschiedensten Arten der Nutzung von Forstwirtschafts-, Landwirtschafts- und Tierhaltungssystemen beinhaltet. Die Sichtweise ist aber auch deshalb eindimensional und kurzsichtig, da Diversität

---

[21] Vgl.: Hynes, H. Patricia: Als es Frühling war - Von Rachel Carson zur feministischen Ökologie, S. 97ff.

[22] Vgl.: Shiva, Vandana: Das indigene Wissen der Frauen und die Erhaltung der Biodiversität, in: Ökofeminismus, S. 231

[23] Vgl.: Biologische Vielfalt. Wer kontrolliert die globalen genetischen Ressourcen?, S. 286

zum Mangel reduziert wird, indem Natur auf ihre profitable wirtschaftliche Ausbeutung reduziert wird, und Monokulturen als erstrebenswerter Idealfall gelten.

Am Beispiel der Monokulturen wird deutlich, wie wichtig Diversität gerade für Marginalisierte ist: ein schlechtes Erntejahr für Reis ist es vielleicht nicht für Soja, die trotzdem gegessen werden kann. Das Risiko und die Abhängigkeit vom Markt ist im Falle von Monokulturen viel höher.

Vandana Shiva betont, dass Nachhaltigkeit in der Dritten Welt auf zwei Ebenen gleichzeitig erreicht werden müsse: Nachhaltigkeit von natürlichen Ressourcen und Nachhaltigkeit der Existenzgrundlagen. Die Erhaltung der Biodiversität kann also in einen direkten Zusammenhang mit der Erhaltung der von der Biodiversität abhängigen Lebensgrundlagen gesetzt werden.[24]

Rund drei Milliarden Menschen - ca. 60 Prozent der Weltbevölkerung – sind, Schätzungen zufolge, auf traditionelle Arzneimittel angewiesen, so etwa bei der Behandlung von Krankheiten und unter anderem auch bei der Behandlung von Tierkrankheiten. Da lokale Gemeinschaften vielfach von ihrem Viehbestand abhängig sind, sind diese stark vom breiten Artenspektrum der Futterpflanzen abhängig.

Das umfassende medizinische Wissen über die heimische Pflanzenwelt ist ebenfalls in starkem Maße ausschlaggebend für die Grundlage des Wirtschaftslebens der Mehrzahl der Weltbevölkerung.

Auch der Fischfang bildet die Lebensgrundlage von Millionen von Menschen. Die kleinen Fischerboote der armen Bevölkerung haben gegenüber den großen Fischerbooten der internationalen Unternehmen natürlich das Nachsehen; das Problem der Überfischung durch die zu Jagdmaschinen aufgerüsteten Boote und zum anderen die Zerstörung der Lebensgrundlagen und die Ausrottung vieler Arten (durch die erst große Fischfänge möglich gemacht werden) führt zuerst zu einer Abhängigkeit von moderner Wissenschaft und Technologien, sowie zur Verschuldung und langfristig zu einer Zerstörung der Lebensgrundlage aller kleinen Fischer und der Ausrottung der Fischgründe.[25]

Zwei Drittel der Weltbevölkerung - jene Menschen, die in ländlichen Wirtschaftsräumen der Dritten Welt leben - sind für ihren Lebensunterhalt unmittelbar von der Biodiversität abhängig. Mittelbar sind wir alle von der Biodiversität abhängig. Eine Abnahme der biologischen Vielfalt führt zu einer weiteren Verarmung dieser Menschen. Aber auch das "privilegierte" Drittel der Menschen, das der industrialisierten Welt, ist auf die Biodiversität angewiesen. Zwar beanspruchen die industrialisierte Land-, Forst- und Fischereiwirtschaft für sich, ein stärkeres Wachstum auszulösen, bedeuten aber die Ausrottung für Millionen von Arten; reichhaltige Ökosysteme werden in biologisch verarmte

---

[24] Shiva, Vandana: Das indigene Wissen der Frauen und die Erhaltung der Biodiversität, in: Ökofeminismus, S. 229-231
[25] Vgl.: Shiva, Vandana: Biodiversität. Plädoyer für eine nachhaltige Entwicklung, S. 25-26

und chemieintensive Monokulturen umgewandelt. Der biologische Reichtum der Erde wird aufgebraucht, ohne ersetzt zu werden. Das empfindliche Gleichgewicht kommt immer mehr ins Wanken, die Folge ist der drastische Verlust der biologischen Vielfalt.[26]
Eine herausragende Rolle zur Erhaltung und Nutzung der Biodiversität nehmen die Arbeit und das Wissen von Frauen ein. Frauen arbeiten zwischen den Sektoren und führen verschiedenartige Arbeiten aus: Frauen arbeiten innerhalb und außerhalb des Hauses, brauchen Fertigkeit und Wissen, unter anderem in der Produktion und Zubereitung von Pflanzennahrung, in der einheimischen Milchwirtschaft, in der Forstwirtschaft... Wissen und Arbeit der Frauen in der Landwirtschaft sind also in den Zwischenräumen der Sektoren angesiedelt. Ökologische Stabilität, Nachhaltigkeit und Produktivität unter ressourcenarmen Bedingungen werden aufgrund dieser ökologischen Wechselwirkungen aufrechterhalten. Die reduktionistische, fragmentierte, teilende Sicht des Entwicklungsparadigmas allerdings betrachtet die Wälder, Viehherden und Feldfrüchte von vornherein als voneinander unabhängig und verschließt dadurch die Augen vor dem tatsächlichen Beitrag der Arbeit von Frauen.[27]
Als Produzentinnen, Reproduzentinnen, Konsumentinnen und Konserviererinnen der Biodiversität sind Frauen die Hüterinnen derselben; Frauen kennen die Techniken und besitzen das Wissen, wie man Saatgut aufbewahrt. Ihre Arbeit und ihr Wissen, die auf raffinierten kulturellen und wirtschaftlichen Praktiken und Erkenntnissen jahrelanger Arbeit beruhen, wurden aber als "Natur" definiert, abgewertet, negiert: die gewaltsame Übernahme des Landes der Urbevölkerung (etwa bei der Kolonisierung Amerikas) wurde "natürlich" gemacht, indem die kolonisierten Menschen als Natur definiert und damit ihrer Menschlichkeit und Freiheit beraubt wurden; das Wissen und die Arbeit der Frauen wurden als Natur definiert, die man sich zu Recht aneignen kann und zu Nicht-Wissen und Nicht-Arbeit gemacht.[28]
Wieder einmal muss das ganzheitliche, synergetische und nachhaltige Denken der unauflöslichen Einheit von Mensch-Erde-Natur dem reduktionistischen, zerstückelnden und sektoriellen Entwicklungsparadigma weichen und die Grenzen zwischen dem, was Natur ist, und was nicht, und was Recht ist, und was nicht, werden von der patriarchalischen Macht neu gezogen.
Wenn Frauen die Hüterinnen des Saatgutes sind, Diversität das Prinzip der Arbeit und des Wissens von Frauen ist und im Besonderen Frauen für die Erhaltung der Biodiversität eintreten und danach handeln, besteht ein Zusammenhang zwischen der Marginalisierung der Frauen und der Zerstörung

---

[26] Vgl.: Ebda., S. 27 f.
[27] Vgl.: Siehe: Shiva, Vandana: Das indigene Wissen der Frauen und die Erhaltung der Biodiversität, in: Ökofeminismus, S. 229 ff.
[28] Vgl.: Ebda., S. 229 ff.

der Biodiversität. Durch den neu geschaffenen kapitalistischen Saatgutmarkt werden Beziehungen zerstört und Frauen überflüssig: früher waren Männer in Bezug auf das Saatgut von Frauen abhängig, jetzt kaufen die Männer Saatgut und Dünger auf dem Markt - Männer kümmern sich nicht mehr um die Frauen, Mütter und Söhne haben keine Beziehungen mehr zueinander...

Die Vielfalt der Natur[29] wird auf ihre profitable wirtschaftliche Ausbeutung reduziert, wobei das Kriterium des kommerziellen Wertes Diversität als Problem, als Mangel definiert. Dadurch werden für das kapitalistische Patriarchat[30] die Zerstörung der Diversität und die Schaffung von Monokulturen, immer mit dem Hintergrund einer "pervertierten Fortschrittslogik", unerlässlich.[31]

Auch hier wird die Unfähigkeit der patriarchalen Weltanschauung, mit Differenz zurechtzukommen, deutlich: Vielfalt muss der Monokultur, Differenz der Hierarchie weichen. Parallel zur Negierung von Vielfalt macht sich das neoliberale Wirtschaftssystem die Bedeutung der Biodiversität für Frauen und Arme zunutze: gerade weil Biodiversität die Grundquelle ist, die ALLEN Nahrung garantiert, wird das Leben mit der Nummer eines Patentes versehen, um die von der Biodiversität in hohem Maße abhängige Bevölkerung (zurück) an den Weltmarkt, der mittlerweile bereits in den Händen einiger weniger liegt, zu drängen. Es ist jedes Mittel recht und die Redewendung "über Leichen gehen" bekommt in diesem Zusammenhang eine neue Bedeutung: die von Vandana Shiva gegründete Research Foundation for Science Technology and Natural Resource Policy hat seit 1997 20.000 Selbstmorde indischer Bauern gezählt, die eng mit der Verschuldung durch Saatgut- und Pestizidkäufe in Verbindung gebracht werden können.

Ein System des biologischen Anbaus, das die ursprünglichen Ressourcen bevorzugt und in erster Linie auf Subsistenz ausgerichtet ist, ist deshalb unerlässlich, um Bauern und indigene Völker weltweit aus den Fängen der multinationalen Konzerne zu befreien.

---

[29] Claudia von Werlhof definiert im Buch "Frauen - die letzte Kolonie" Natur, von der herrschenden Logik aus gesehen, als alles, was gratis erhältlich und/oder so billig wie möglich sein sollte.
Vgl.: Werlhof, Claudia von: Der Proletarier ist tot. Es lebe die Hausfrau? in: Bennholdt-Thomsen, V. u.a.: Frauen, die letzte Kolonie, Rotpunktverlag, Zürich 1992.
[30] Definition von Patriarchat: *"Pater arché, Patriarchat, ist daher die Politik der Ersetzung der Mutter (der Natur) und der Erfindung einer "Mutter"- bzw. "Vater-Maschine" (der Natur als Maschine).*
Siehe dazu: Werlhof, Claudia von: "MutterLos, Frauen im Patriarchat zwischen Angleichung und Dissidenz". Frauenoffensive, München, 1996. S. 48
[31] Vgl.: Shiva, Vandana: Das indigene Wissen der Frauen und die Erhaltung der Biodiversität, in: Ökofeminismus, S. 229 ff.

I. 1.2 Bioprospektion

Der Begriff Bioprospektion (Biodiversity Prospecting) bezeichnet das Sammeln, Archivieren und Aufarbeiten des biologischen Materials mit Hilfe des genetischen Screenings. Mittels technischer Verfahren sollen die gesammelten Extrakte auf ihre biochemische Aktivität hin untersucht werden, um dann aus den Forschungsergebnissen Anwendungsmöglichkeiten in den industriellen und medizinischen Bereichen ableiten zu können.[32]

Im Zusammenhang mit Patenten geht es häufig um Verfahren, wie bestimmte Inhaltsstoffe aus Pflanzen gewonnen werden. Da trotz hoher technischer Aufwände und modernster Forschungsmethoden die Erfolgsquote eines zufälligen Auffindens einer biochemisch interessanten (und damit wirtschaftlich interessanten weil lukrativen) Substanz immer noch sehr niedrig liegt, wird seit einigen Jahren vermehrt auf das Wissen der lokalen einheimischen Bevölkerungsgruppen zurückgegriffen. Traditionelles lokales Wissen hat für Pharmakonzerne deshalb derart an Bedeutung gewonnen, da sie zur Feststellung kamen, dass die Wahrscheinlichkeit, eine medizinisch relevante Pflanze ausfindig zu machen, erheblich steigt, wenn indigenes Wissen (aus-)genutzt wird. Hinter dieser Erkenntnis steckt die an und für sich logische Tatsache, dass Länder mit hoher biologischer Vielfalt nicht nur die Biodiversität, sondern eben auch das Wissen[33] über ihre Ressourcen und deren beispielsweise medizinische Verwertbarkeit besitzen. Biopiraterie bezieht sich also nicht nur auf Nutz- und Agrarpflanzen, sondern in großem Ausmaß auch auf Heilpflanzen: ohne das traditionelle Wissen der Bevölkerung wüssten viele Pharma- und Agrounternehmen nicht um die Wirkstoffe der Pflanzen. Ein bedeutender Anteil der heutigen Medikamente sind Arzneimittel aus Naturstoffen, die in den meisten Fällen nur „entdeckt" wurden, da diese bereits in der Volksmedizin bekannt waren.

Einer Studie der Weltbank zufolge belief sich der Umsatz von Arzneimitteln, die von indigenen Völkern entdeckt wurden, im Jahr 1990 weltweit auf 43 Milliarden Dollar – natürlich ohne dass die indigenen Völker einen nennenswerten Anteil an den Gewinnen hatten.[34]

---

[32] Vgl.: Wullweber, Joscha: „Biopiraterie unter dem Deckmantel des TRIPS-Abkommens der WTO"
http://www.bukoagrar.de/biorat

[33] In der Sprache der Verwertungslogik wird dieses jahrhundertealte indigene Wissen als *ethnobotanische Ressource* bezeichnet.
Vgl. dazu: Flitner, Michael: „Sammler, Räuber und Gelehrte. Pflanzengenetische Ressourcen zwischen deutscher Biopolitik und internationaler Entwicklung 1890-1994, Hamburg, 1994, S.246f.

[34] Vgl.: Greenpeace: „Gene, Monopole und Live-Industry. Eine Dokumentation über die Patentierung von Leben." Hamburg, 1999, S. 73

Die Prospektion biologischer Ressourcen gehorcht einer anderen Logik als die ökonomische Erschließung der Gold- und Holzressourcen, die stabile und langfristige Produktions- und Machtstrukturen vor Ort voraussetzt: eigentlich genügt eine einmalige Aneignung des genetischen Materials. Eben diese neue und kaum spürbare (weil physisch nahezu unschädliche) Form der Aneignung macht biologische Ressourcen so anfällig für ihren Diebstahl. Tatsache ist, dass mit zahllosen Bioprospektionen unkontrolliert genetisches Material weggeschafft, beforscht und der industriellen Verwertung zugeführt wird. Solche Akte der Biopiraterie blieben bisher meist ungeahndet, zum einen aufgrund fehlender politischer Instrumente, zum anderen, weil in den Ländern des Südens die strategische Bedeutung des Keimmaterials oft unterschätzt wird. Während das traditionelle Wissen von Einheimischen oft noch bereitwillig zur Verfügung gestellt wird, werden die möglicherweise daraus entwickelten Pharmazeutika durch exklusive Verwertungsrechte abgeschirmt: im Rahmen von (ethno-)botanischen Forschungen werden beispielsweise Pflanzen gesammelt und später auf bioaktive Reaktionen untersucht. Bei erfolgsversprechenden Resultaten werden (aktive) Komponenten aus der Pflanze patentiert - der von indigenen Gemeinschaften seit langem genutzte Wirkstoff wird somit, samt des ihm einbeschriebenen Wissens, zum geistigen Eigentum eines fernen Patentinhabers, der sich alle kommerziellen Verwertungsrechte sichert.

Im Vergleich zu den exklusiven Verwertungsrechten ist das indigene Wissen nicht so einfach zu schützen. Und von Seiten der Weltwirtschaftsordnung besteht kein Interesse an einem Schutz der Rechte der lokalen Gemeinwesen und der Bevölkerung bzw. wird eine Anerkennung dieser Rechte abgelehnt, da sich dadurch ja Marktchancen für Transnationale Konzerne verschließen könnten, obwohl eine Anerkennung der Rechte in der „Konvention zum Schutz der biologischen Vielfalt" festgehalten ist: im Rahmen der 1993 in Kraft getretenen und mittlerweile von über 170 Staaten ratifizierten internationalen Konvention über biologische Vielfalt CBD[35] (Convention on Biological Diversity) soll(te) den indigenen Gemeinschaften Anerkennung für ihre Rolle als "Wächter biologischer Vielfalt" und "Träger wertvollen Biowissens" gezollt werden.

Während allerdings internationale UmweltrechtsexpertInnen die explizite Nennung indigener Akteure in dem Abkommen "als eine Art Revolution in der internationalen Umweltpolitik" betrachten, richten sich kritische Stimmen auf die Koppelung der Indigenenfrage an ökologische Kalküle:

"Bei allem Gerede um die kulturelle Vielfalt, die indigene Gruppen charakterisiert, entpuppt sich diese im Biodiversitätsdiskurs bei genauerem Blick als eine recht einfältige Vielfalt, die sich insbesondere durch ein

---

[35] Vgl. dazu *I. 2.1. "Internationale Biodiversitätspolitik"*

Attribut auszeichnet: ihre Nähe zur Natur. Die wiederum stellt meist eine Funktion des Ausschlusses indigener Gemeinschaften aus dominanten gesellschaftlichen Machtstrukturen dar. Schon allein diese eigentümliche Dialektik zwischen Einschluss und Ausschluss lässt berechtigte Zweifel an der vielfach beschworenen Wende aufkommen, die die CBD im Kampf indigener Völker um kulturelle Anerkennung markieren soll".[36]

Selbst bei gutem Willen der Regierungen und einer entsprechenden Umsetzung der in der CBD verankerten Prinzipien lassen sich nur sehr begrenzt rechtliche Ansprüche für die Indigenen ableiten. Bereits die Definition von "indigenen Gemeinschaften" ist extrem schwammig und damit politisch auslegbar: laut Sprache der CBD gelten als indigene Gemeinschaften nur solche mit "traditionellen Lebensformen, die für die Erhaltung und nachhaltige Nutzung der biologischen Vielfalt von Belang sind". Wer bestimmt aber was traditionell und biodiversitätsrelevant ist?

Auch der Artikel 8j der Konvention, ein Unterpunkt der Bestimmungen zum Schutz der biologischen Vielfalt in situ ist recht aussagekräftig:

Jede Vertragspartei solle *"im Rahmen ihrer innerstaatlichen Rechtsvorschriften, Kenntnisse, Innovationen und Gebräuche eingeborener und ortsansässiger Gemeinschaften mit traditionellen Lebensformen, die für die Erhaltung und nachhaltige Nutzung der biologischen Vielfalt von Belang sind, achten, bewahren, und erhalten, ihre breitere Anwendung mit Billigung und Beteiligung der Träger dieser Kenntnisse, Innovationen und Gebräuche begünstigen und die gerechte Teilung der aus der Nutzung dieser Kenntnisse, Innovationen und Gebräuche entstehenden Vorteile fördern".*[37]

Die ausgedrückte freundliche Gesinnung den indigenen Gruppen gegenüber dürfte diesen wenig nützen, da die Aufforderung an die Vertragsparteien "zur gerechten Teilung" explizit an den Rahmen innerstaatlicher Rechtsvorschriften gekoppelt ist und sich darüber hinaus ja von vornherein auf die Vertragspartei in ihren nationalen Grenzen bezieht. Die Verbreitungsgebiete von Pflanzen, indigenem Wissen und auch viele indigene Gruppen selbst halten sich aber nicht an solche nationale Grenzziehungen.[38]

Die Realität hat mittlerweile gezeigt, dass die Konvention über die biologische Vielfalt, allfälligen guten Absichten zum Trotz, im Grunde die Plünderungsaktivitäten und die Privatisierung öffentlicher oder kollektiver Ressourcen legitimiert – die Konvention als legaler Deckmantel für die Ausbeutung von Mensch und Natur.

---

[36] Grimmig, Martina: Biodiversitätsrelevant: Indigenes Wissen und die UN-Konvention über die biologische Vielfat, in: ila, Nr. 234, April 2000
[37] Ebda., S. 16
[38] Vgl.: Ebda., S. 16

Es bestehen zwar auch innerhalb der UNO-Ernährungs- und Landwirtschaftsorganisation FAO einige Regelwerke, die teilweise viel älter als die CBD sind, es ist jedoch augenscheinlich, dass internationale Biodiversitätspolitik auf unterschiedlichen, nicht miteinander kompatiblen Terrains entsteht.

Indigenes Wissen kann aber auch deshalb oftmals nicht geschützt werden, da sich die Zuordnung von (privaten) Eigentumsrechten und der Rückfluss von Gewinnen an der kollektiven und öffentlichen Ausrichtung indigenen Wissens bricht. Auch die interne ökonomische Differenzierung der Gemeinschaften und Haushalte ist damit nicht in Einklang zu bringen. Für Gesellschaften der "Dritten Welt" - indigene Völker und andere bäuerliche Gemeinschaften - ist das Territorium die materielle Grundlage für die gesellschaftliche Reproduktion und Ausdruck der unauflöslichen Einheit von Mensch-Erde-Natur, ein Recht auf Eigentum an Lebensformen ist diesem Denken fremd.
A. Agrawal veranlasste das Problem der Rückwirkung auf die Produktionsbedingungen des betreffenden Wissens durch den Einschluss in hoch kompetitive Wissensmärkte zur Aussage, dass *"indigenes Wissen solange nicht überleben kann, wie das Interesse daran auf Seiten mächtiger wirtschaftlicher und politischer Akteure anhält"*[39].

I. 1.3 Biopiraterie

In den letzten Jahren hat die Ausbeutung der genetischen Ressourcen und des traditionellen Wissens südlicher Länder - zusammengefasst unter dem Stichwort der "Biopiraterie" - öfters Schlagzeilen gemacht.[40] Als Biopiraterie wird im Allgemeinen die illegitime oder illegale Aneignung indigenen Wissens und seines materiellen Trägers, sprich traditionell genutzter Pflanzen, bezeichnet. Kennzeichnend ist "Biopiraterie" für sogenannte Entwicklungsländer mit hoher biologischer Vielfalt. Der Begriff soll dem Umstand Rechnung tragen, dass die lokalen genetischen Ressourcen, sowie das ethnobotanische Wissen gratis zu haben sind, geraubt werden, und die daraus entwickelten Produkte durch exklusive Vertragsrechte abgeschirmt werden. Immer öfter wird dabei allerdings kein neues Produkt mehr hergestellt bzw. es werden nur marginale Veränderungen an z.B. einer Kulturpflanze unternommen. Diese "neuen" Kulturpflanzen werden patentiert und stehen der Allgemeinheit nur noch gegen Bezahlung zur Verfügung. Es ist somit möglich, dass eine Pflanze, die seit Jahrhunderten in einem Land oder von einer

---

[39] Agrawal, A.: Geistiges Eigentum und indigenes Wissen: Weder Gans noch goldene Eier. In: Flitner, M. u.a. (Hg.): Konfliktfeld Natur. Biologische Ressourcen und globale Politik, 1998, S. 209
[40] Vgl. dazu *I. 2.4 „Internationale Fälle von Biopiraterie und Patentierung"*

bestimmten Gemeinschaft verwendet wird, von einem Pharmakonzern "entdeckt" und patentiert wird und dieser Konzern dann exklusive Rechte an dieser Pflanze besitzt. Es handelt sich also insofern um Piraterie, da praktisch keine eigene Innovation getätigt, sondern nur bereits vorhandener Reichtum an Pflanzen und Wissen privatisiert wird. Vorteilsausgleich[41] findet keiner statt. Der Begriff der Biopiraterie wurde von Vandana Shiva geprägt. Bereits im Jahr 1993 schreibt sie zusammen mit Maria Mies das Buch "Ecofeminism"[42] und im 4. Teil *"Ökofeminismus versus neue Investitionsgebiete durch Biotechnologie"* ein Kapitel zum Thema *"Biotechnologie und die Zerstörung der Biodiversität"*. Shiva führt dabei die Unterschiede der Beziehung von Dritte-Welt-Frauen und von Unternehmern zur Biodiversität aus: Biodiversität stelle für weltweite Saatgut- und Agrarkonzerne nur deshalb einen hohen Stellenwert dar, da sie ein "Rohmaterial" für die Biotechnologie-Industrie sei. Der Wert des Samens liegt dabei - im Gegensatz zum Wert des Saatgutes für Bäuerinnen - in der Diskontinuität des Lebens, da absichtlich Hybridsamen gezüchtet werden. Diese "biologisch patentierten" Samen können sich nicht vermehren, sodass Bäuerinnen von Saatguthüterinnen zu Saatgutkonsumentinnen werden, und selbst die Abkömmlinge jener Samen können nicht als Samen benützt werden, da sie ja "biologisch patentiert" wurden. Neben diesen Hybridsamen, die die Bäuerinnen geradezu zum Markt[43] [44] zurückzwängen, hindern Patente und "Rechte an geistigem Eigentum" die Bäuerinnen daran, eigenes Saatgut zu konservieren: das patentierte Gut darf nicht "hergestellt" werden, weshalb patentiertes Saatgut nicht wieder zur Aussaat benutzt werden kann; Konzerne oder Unternehmen, die im Begriff solcher Patente auf Saatgut sind, erhalten Gebühren, falls jemand das patentierte Saatgut zur Aussaat benutzt. Im

---

[41] Das Prinzip des "benefit sharing", des gerechten Vorteilsausgleichs spielt in der internationalen Biodiversitätspolitik fast keine Rolle. Das Prinzip des benefit sharing der CBD gilt erst ab 1993, für Ressourcen also, die nach Inkrafttreten der Konvention international getauscht werden. Ulrich Brand sieht darin ein Zugeständnis der Regierungen des Südens an die real existierenden internationalen Strukturen und Kräfteverhältnisse: Hoffnung auf einen rückwirkenden gerechten Vorteilsausgleich für die seit Jahrhunderten aus den Ländern des Südens wegtransferierten Ressourcen besteht offenbar nicht.
Siehe dazu: Brand, Ulrich: Planungsunsicherheit und Patente: Zur politischen Ökonomie der biologischen Vielfalt, in: ila Nr.234, April 2000, S. 7

[42] Die deutsche Übersetzung "Ökofeminismus" ist im Jahr 1995 erschienen: Mies, Maria/Shiva, Vandana: Ökofeminismus. Rotpunktverlag, Zürich, 1995.

[43] Laut Schätzung der NGO Genetic Resources Action International (GRAIN) werden bislang rund 80 Prozent des Saatguts in den sogenannten Entwicklungsländern nicht gehandelt: Saatgut wird also in einem hohen Ausmaß noch nicht gekauft sondern getauscht oder aus der letzten Ernte verwendet. Diese Schätzung lässt die riesigen Marktpotentiale und Aussichten auf Gewinne für Saatgutunternehmen erahnen.
Vgl. dazu: Brand, Ulrich: Planungsunsicherheit und Patente: Zur politischen Ökonomie der biologischen Vielfalt, (plus Editorial der Zeitschrift), in: ila Nr. 234, April 2000

[44] Vgl. dazu: *I. 2.4.2 „Gen-Giganten als Monopolbeherrscher der lebendigen Vielfalt"*

Klartext bedeutet dies, dass Konzerne das Saatgut als ihre "Schöpfung" behandeln - Saatgut gilt als die Erfindung von Konzernen und wird als deren Privatbesitz zu vereinnahmen versucht.

> *„Patente auf Pflanzen sind daher eine Form von Piraterie des 21. Jahrhunderts, in der den BäuerInnen der Dritten Welt das gemeinsame Erbe und seine Pflege durch multinationale Konzerne geraubt und entwertet wird."*[45]

Der - vorläufig - letzte Schritt der Umwandlung der Natur in eine Ressource stellt die Umwandlung von Samen dar: eine sich selbst erneuernde Quelle wird in eine genetische Ressource umgewandelt, damit Unternehmer dieses bloße Rohmaterial konstruieren, patentieren und besitzen können. Der Samen wird durch seine Aufteilung in eine Ressource und Getreide vom vollständigen, sich selbst erneuernden Produkt, zum reinen Rohmaterial für die Produktion einer Handelsware. Hinter alledem steht einmal mehr die *reduktionistische Weltanschauung*, wonach die Grenzen der Natur überwunden werden müssen, um Fülle und Freiheit erlangen zu können:

> *" [...] Der letzte Schritt in der Umwandlung der Natur in eine Ressource ist die Umwandlung von Samen - der Quelle, aus der wieder eine Pflanze entsteht - in eine genetische Ressource, die zum Profit von Unternehmen konstruiert, patentiert und besessen werden kann. [...] Der erste Schritt zur Kolonisierung des Saatguts ist derselbe wie bei der Kolonisierung des Reproduktionsprozesses der Frauen: die Degradierung mit Hilfe einer mechanistischen Metapher."*[46]

Tiere und Pflanzen waren vom Patentsystem bis zur Ankunft der Biotechnologie ausgeschlossen - nun kann Leben zum Eigentum[47] gemacht werden, und zwar zum Eigentum einiger weniger, während die Arbeit von Generationen von Bäuerinnen und Bauern, nicht nur der Dritten Welt, abgewertet und von den Monopolrechten auf Lebensformen abhängig gemacht werden:

> *"Die Umwandlung eines kostenlosen Allgemeinguts in eine Handelsware*[48]*, einer erneuerungsfähigen Ressource in ein bloßes "Input" ändert die Natur*

---

[45] Shiva, Vandana: Das indigene Wissen der Frauen und die Erhaltung der Biodiversität. In: Ökofeminismus, S.239
[46] Shiva, Vandana: Reduktionismus und Regeneration: Eine Krise der Wissenschaft. In: Ökofeminismus, S. 44-45
[47] Vgl. dazu die Entscheidung des Obersten US-Gerichtshofes im "Diamond v. Chakrabarty"-Fall, *I. 2.4.1 „Das Patent als Lizenz für Biopiraterie"*
[48] Siehe dazu Fußnote 46

des Saatgutes und der Landwirtschaft an und für sich. Kleinbauern und -bäuerinnen werden durch die neue Technologie ihrer Mittel zum Lebensunterhalt beraubt. Diese Technologie[49] wird somit zum Instrument von Armut und Unterentwicklung"[50]

Vandana Shiva sieht in den Methoden der Biotechnologie in zweifacher Hinsicht einen Diebstahl - zum einen berauben Patente und Biotechnologie die Drittweltproduzentinnen und -produzenten ihrer Biodiversität. Zum anderen werden die Konsumentinnen und Konsumenten weltweit sicherer und gesunder Nahrungsmittel beraubt.[51]

Das, was Vandana Shiva als Gefahren für die Bäuerinnen der Dritten Welt beschreibt, gilt für sämtliche "Marginalisierte" - für die vom Weißen Mann kolonialisierten fremden Völker, deren Länder und Natur. Allerdings gelten vor allem Frauen als die Hüterinnen der Biodiversität und als von der Natur in größerem Ausmaß direkt Abhängige:

"Frauen sind seit Urzeiten Hüterinnen des Saatgutes, ihr Wissen und ihre Fertigkeiten sollten die Grundlage für alle Züchtungsstrategien sein. [...] In den meisten Kulturen sind Frauen die Hüterinnen der Biodiversität. Sie produzieren, reproduzieren, konsumieren und konservieren die Biodiversität in der Landwirtschaft. Ihre Rolle in der Entwicklung und Erhaltung der Biodiversität wurde jedoch wie bei den anderen Aspekten der Frauen-Arbeit und des Frauen-Wissens zu Nicht-Arbeit und Nicht-Wissen gemacht. Ihre Arbeit und Fachkenntnis wurden als Natur definiert, obwohl sie auf raffinierten kulturellen und wissenschaftlichen Praktiken beruhen. Aber die Erhaltung der Biodiversität durch die Frauen unterscheidet sich gerade von der dominanten patriarchalen Vorstellung der Biodiversitätserhaltung".[52]

Mit der Abnahme der Artenvielfalt nahm in letzter Zeit weltweit die Beschäftigung mit der Biodiversität zu. Einer der Hintergründe der Abnahme der Artenvielfalt liegt in der vor allem auf Monokulturen gestützten Agrarproduktion der Weltwirtschaftsordnung.

---

[49] Die Gentechnik bringt eine entscheidende Veränderung im Agrarsektor mit sich, die sich von der Grünen Revolution unterscheidet: während letztere durch industrialisierte Züchtung und Anbauverfahren die Immunisierung des Saatgutes gegen negative natürliche Einflüsse zum Ziel hatte, geht es heute eher darum, Saatgut an relativ beliebige Naturbedingungen anpassen zu können.
Siehe dazu: Brand, Ulrich: Planungsunsicherheit und Patente: Zur politischen Ökonomie der biologischen Vielfalt, in: ila 234, April 2000
[50] Shiva, Vandana: Reduktionismus und Regeneration: Eine Krise der Wissenschaft. In: Ökofeminismus, S. 45
[51] Siehe Ebda. S. 239f.
[52] Vgl.: Ebda. S. 234

Da es aber auch unter den Menschen Biodiversität und Artenvielfalt gibt, bezieht sich der Begriff "Biopiraterie" nicht nur auf eine große Pflanzen- und Tiervielfalt. Zum Zweck der Sicherung der genetischen Vielfalt des Menschen wurde das Forschungsprojekt *Human Genom Diversity Project* (Projekt über die Vielfalt des menschlichen Genoms - GID89) ins Leben gerufen. Ziel ist es, die genetische Vielfalt der Menschen zu sichern, noch bevor weitere ethnische Gruppen sich vermischen oder gar aussterben. Auch auf in diesem Projekt gefundene Gene können Patente angemeldet werden. Pharmafirmen wittern auch in den Erbanlagen indigener Völker neue Rohstoffe für die Industrie.

Im Jahr 1994 wurde das bis dahin als Privatinitiative einiger US-amerikanischer und italienischer Wissenschaftler laufende *Human Genome Diversity Project* offiziell in das seit Ende der 80er Jahre weltweit laufende Projekt *Human Genome Organisation/ HUGO* aufgenommen - Wissenschaftler der Stanford University in San Francisco hatten nämlich kritisiert, dass *HUGO*, die zum Teil isoliert lebenden indigenen Völker ignoriere, und somit der Vielfalt der menschlichen Rasse nicht genügend Rechnung trage. Ziel ist es, die Lage der schätzungsweise 100.000 Gene des Menschen bis zum Jahr 2005 zu ermitteln.[53]

Ein Mann aus Papua-Neuguinea wurde bereits patentiert, die USA streben die Patentierung der Gene eines Menschen in Panama an. Die makabre Auslegung der Gerichte lautet, dass die Gewebe- und Blutproben nicht mehr der Person gehören, der sie entnommen wurden, weil die Proben im Labor modifiziert worden sind. Das Blut eines bestimmten Menschen gilt also nicht mehr als dessen Eigentum, nur weil es durch einen Laborprozess gegangen ist!

Pharmakonzerne dringen in Gemeinschaften indigener Völker ein und entnehmen Blutproben, ohne die Bewohner darüber aufzuklären, was mit ihrem Blut geschieht. Die Tatsache, dass indigene Völker Blut als etwas Heiliges betrachten, wird dabei ebenso auf brutalste Art und Weise missachtet, wie das Recht eines jeden Menschen auf die eigene genetische Identität. Als nebensächlich gilt in diesem Zusammenhang die Erfahrung einiger indigener Völker, dass die Wissenschaftler unter dem Vorwand der Hilfeleistung in ein Gebiet (z.B. Katastrophengebiet) gekommen sind und dort Gene gesammelt haben[54].

Universitäten und private Firmen wittern in den Erbanlagen der indigenen Völker gutes Geschäft und die Proben landen dann in Privatbesitz; das Zusammenspiel von GATT und einem Patentsystem, das es ermöglicht, wertvoll erscheinende Gene und DNA-Sequenzen zu patentieren, führen zu einer modernen Form der Sklaverei, einer Kolonie in den Händen des weißen Wissenschaftlers.

---

[53] Vgl.: Sprenger, Ute: Warenlager der Zukunft, in: Gen-Ethischer Informationsdienst GID 99, November 1994, S. 24ff.
[54] Vgl. dazu den Fall der Aitas, einer indigenen Gruppe auf den Philippinen. http://www.medico-international.de/rundschr/rs199c.htm

I. 2. INTERNATIONALE BIODIVERSITÄTSPOLITIK; PATENTE UND GEISTIGE EIGENTUMSRECHTE; TRIPS

Im Namen der Entwicklung der Landwirtschaft wird versucht, die gesamte genetische Vielfalt und folglich die Macht in den Händen einiger weniger *Life-Science-Konzerne* zu konzentrieren. Gestützt auf die WTO, die Weltbank, die US-Handelsgesetze usw. wird versucht, die Kontrolle über die genetische Vielfalt des Südens zu gewinnen. Fußte Biopiraterie früher noch auf den direkten Raub von Genmaterial und dessen Sammlung in Genbanken, so erfolgt heute der Zugriff auf die biologische Vielfalt mittels der Institutionen WTO, US-Handelsgesetze, Weltbank usw.

Shiva sieht darin Versuche einer Globalisierung der Besitzrechte, der Kontrolle und der Verwertungsmöglichkeiten der Artenvielfalt, sowie den Plan der Schaffung eines freien Zugangs zu den biologischen Ressourcen der Tropenländer, um diese dann als Rohstoff für ihre neue Bio-Industrie nützen zu können.

Die Vorgangsweise erfolgt in mehreren, gut durchdachten und aufeinander abgestimmten Schritten: den lokalen Gemeinwesen wird die Kontrolle über ihr Wissen und ihre genetische Vielfalt entzogen, u.a. durch die Erklärung der Artenvielfalt zum "gemeinsamen menschlichen Erbe": Der nächste Schritt sieht vor, zu behaupten, nur die Biotechnologie könne dieses gemeinsame Erbe schützen. Chemie-Multis, die bisher durch Herbizide und Pestizide die größten Zerstörer der Artenvielfalt waren, wechseln nun zur Biotechnologie, um mittels Gentechnik Pflanzen zu entwickeln, die gegen ihre eigenen Herbizide und Pestizide resistent sind. Die Folge ist die Zerstörung der Vielfalt, die Homogenisierung der Arten.

Die Kontrolle über die genetische Vielfalt des Südens wird weiters durch die von den USA in das GATT-Abkommen eingeführten Patentrechte für intellektuelles Eigentum erreicht: nachdem die genetischen Ressourcen der Tropenländer gentechnisch manipuliert wurden, gelten sie nicht mehr als Eigentum der lokalen Gemeinwesen sondern als intellektuelles - und damit kommerzielles - Eigentum der Patentinhaber - meist der Konzerne und Bio-Ingenieure im Norden. Die Patentierung und Privatisierung von Pflanzen und Tieren durch die Life-Science-Industrie bedeutet, dass die Bauern der Dritten Welt das, was vorher ihr kostenloses Gemeineigentum war, als Waren von den multinationalen Unternehmen, wie Monsanto, kaufen müssen. Im Klartext bedeutet dies die Transformation aller Lebensformen in Waren.[55]

Im Folgenden soll auf den Verlauf internationaler Biodiversitätspolitik, auf das Patentwesen an sich, dessen Ausnutzung durch transnationale Konzerne, das

---

[55] Vgl.: Mies, Maria: Patente auf Leben, in: Die Eroberung des Lebens, S. 119ff.

TRIPS-Abkommen (das nicht wie vielfach angenommen, dem Schutz des indigenen Wissens dient), und die Auswirkungen des Zusammenspiels dieser institutionellen Bedingungen, eingegangen werden.

I. 2.1 Internationale Biodiversitätspolitik

Privates Kapital benötigt, gemäß dem aktuellen kapitalistischen Wirtschaftssystem zufolge, möglichst einen stabilen politisch-institutionellen Rahmen zu dessen Verwertung. Dies gilt sowohl für die Aneignung der Arbeitskraft als auch für die Aneignung der Natur. Auf dem Gebiet der biologischen Vielfalt spielen zwei Aspekte eine wichtige Rolle: zum einen der möglichst freie Zugang zu biologischer Vielfalt zur Schaffung von "Input" für die "moderne" Forschung und Entwicklung, zum anderen die möglichst exklusive Nutzung der Forschungsergebnisse. Deklariertes Ziel der internationalen Biodiversitätspolitik ist deshalb die Schaffung von Planungssicherheit für die mächtigen Akteure, die transnationalen Konzerne. In direktem Zusammenhang dazu sind die zunehmenden internationalen Regeln für den Umgang mit biologischen Ressourcen zu verstehen: Debatten um Zugang zu biologischer Vielfalt und Patentrecht stehen im Mittelpunkt der internationalen Diskussion.

Internationale Biodiversitätspolitik entsteht jedoch auf unterschiedlichen Terrains, die kaum miteinander kompatibel sind. Beispielsweise wurde 1992 die CBD auf der UNO-Konferenz zu Umwelt und Entwicklung in Rio de Janeiro verabschiedet, die sich als übergreifendes Regelwerk versteht, in der Realität aber die Legitimationsfunktion für Plünderung und Privatisierung der Ressourcen erfüllt.

Innerhalb der UNO-Ernährungs- und Landwirtschaftsorganisation FAO bestehen einige, teilweise um vieles ältere Regelwerke, wobei die FAO reklamiert, im Bereich der agrarbiologischen Vielfalt internationale Regeln zu erarbeiten. Die Rolle der FAO ist allerdings gerade im Bereich der Biodiversität als kritisch zu betrachten: am Sitz des FAO-Gipfels im Juni 2002 in Rom zeigte man sich den Vorschlägen zu genveränderten Organismen und der Biotechnologie in Ernährungsfragen gegenüber recht aufgeschlossen. Genetisch veränderte Organismen sind unter anderem aber gerade deshalb abzulehnen, weil die Biodiversität die Grundlage ist, die allen Menschen Nahrung garantiert. Genetisch veränderte Organismen sind eine Gefahr für die genetischen Ressourcen, sowohl im Tier- als auch im Pflanzenbereich.

Das Abkommen über handelsbezogene geistige Eigentumsrechte TRIPS wiederum wird von der Welthandelsorganisation WTO verwaltet und dort verhandelt; in ihm sind die international gültigen Standards für Patente und andere Schutzrechte festgelegt.

Als wesentliches Merkmal internationaler Biodiversitätspolitik könnte gelten, dass keineswegs klar ist, was unter "Schutz und nachhaltiger Nutzung der biologischen Vielfalt" genau zu verstehen ist, denn Schutz- und Nutzungsinteressen sind durchaus widersprüchlich. Aspekte der Planungssicherheit werden auf Grund der dahinter stehenden Interessen, insbesondere jener transnationaler Unternehmen und "ihrer" nördlichen Regierungen mit hoher Priorität verhandelt: die *global players* benötigen klare und möglichst stabile Verhältnisse, und diese können am besten durch den nationalen Staat mit seinem Gewaltmonopol gesichert werden. Tatsächlich wurde in der CBD erstmals die nationale Souveränität über die biologische Vielfalt völkerrechtlich verbindlich festgeschrieben. Allerdings lässt das Prinzip der nationalen Souveränität wenig Spielraum, wenn stabile Verhältnisse zugunsten der *global players* geschaffen werden sollen, insbesondere dann, wenn beispielsweise die Interessen lokaler Bevölkerungsgruppen denen des nationalen Staates widersprechen. Hierbei wird klar, dass die Konkretisierung der Politik internationaler Institutionen weiterhin eng an die Ebene des Nationalstaates gebunden bleiben, und das sich entwickelnde internationale Rechtssystem verschlechtert eher die Möglichkeiten, lokale Interessen gegen den nationalen Staat durchzusetzen.
Trotz der neuen Interessen der nördlichen Länder bzw. deren transnationaler Unternehmen an bestimmten Ressourcen des Südens, erwächst daraus keine neue Verhandlungsmacht der peripheren Länder, in denen biologische Vielfalt vorkommt: einerseits gibt es eine strukturelle Angebotskonkurrenz der Länder mit biologischer Vielfalt; die Regierungen vieler Länder mit biologischer Vielfalt sehen sich durch immense Kreditschulden und Strukturanpassungsmaßnahmen[56] geradezu zur zerstörerischen Nutzung ihrer natürlichen Ressourcen gezwungen - die negativen Folgen haben aber, wie meistens, weniger die Regierungen, sondern die Bäuerinnen und Bauern, Kleinunternehmer, Frauen und Kinder, Arbeiterinnen und Arbeiter und vor allem die Natur zu tragen - andererseits sitzen Regierungen mit am Verhandlungstisch und gehen auf das "Spiel" der Konzerne ein.[57]

---

[56] Hier wird deutlich, dass Institutionen wie der IWF Kredite langfristig mit dem Ziel der Schaffung eines Schuldner- und Abhängigkeitsverhältnisses vergeben. Die Möglichkeit, Kontrolle und Druck über Länder der sogenannten Dritten Welt auszuüben, wächst mit jedem Dollar, der als Kredit vergeben wird.
[57] Vgl.: Brand, Ulrich: Planungsunsicherheit und Patente: Zur politischen Ökonomie der biologischen Vielfalt, in: ila, Nr. 234, April 2000, S. 4 ff.

I. 2.2 Patente

Im Zusammenhang mit Biodiversität und Biopiraterie spielen Patente eine immer größere Rolle. Im Folgenden wird kurz auf das Patentwesen an sich, vor allem aber auf dessen (Aus)-Nutzung durch transnationale Konzerne, sowie die Konsequenzen daraus, eingegangen.

Im Grunde geht es beim Patentwesen immer um die Möglichkeit einer Bereicherung; zwar war die Möglichkeit einer Bereicherung auch in der Vergangenheit[58], im Prinzip von Anfang an, im Patentrecht angelegt. Das moderne Patentsystem aber ist ein westliches Modell für privatwirtschaftliche technische Innovationen, das dem Patentinhaber ein exklusives Monopolrecht garantiert.

Hinter dem Patentwesen steht die Idee, dem Erfinder einen ausgedehnten Schutz vor Nachahmung, bzw. geistigen Diebstahl zu garantieren - der Erfinder soll durch das besondere Schutzrecht Patent, auch Urheberrecht genannt, eine Wertschätzung der vollbrachten Arbeit, der geistigen Leistung an der Entwicklung eines Produktes oder eines Verfahrens, sowohl im Ideellen, als auch im Materiellen erhalten. Wichtigste Voraussetzung für die Erteilung eines Patentes ist, dass eine Erfindung (nicht nur eine Entdeckung) vorliegt, die vollständig beschreibbar und nachvollziehbar ist. Der Patentinhaber erhält durch das Instrument der Patentierung das **ausschließliche** Recht zur Verwertung des Patentgegenstandes, in den meisten Fällen für 15 bis 20 Jahre.[59]

Seinem Wesen nach ist das Patentsystem eindeutig auf unbelebte Materie ausgerichtet, jedoch nicht für Lebewesen konzipiert: Lebewesen können per definitionem nicht erfunden, nicht vollkommen beschrieben und auch nicht nachgebaut werden. Dass die Auslegung des Patentrechtes aber in eine andere Richtung verläuft, wird in Kapitel *I 2.4 „Internationale Fälle von Patentierung"* verdeutlicht.

Die Bedeutung des Wortes "ausschließlich" ist im Übrigen wörtlich zu verstehen, was das Patentwesen erst richtig gefährlich macht: der Patentinhaber kann Dritte von der "Erfindung" ausschließen, oder aber dafür Lizenzgebühren

---

[58] Bereits die Griechen kannten 200 Jahre v.Chr. patentrechtliche Regelungen für Händler und Erfinder und im Römischen Reich wurden patentähnliche Monopole an Erfinder und Hersteller bestimmter Produkte vergeben. Auch der Hochadel im Mittelalter sicherte seine Macht indem er ihm besonders ergebene Personen mit patentartigen Privilegien vergütete, die so die jeweiligen Waren zu überhöhten Preisen handeln konnten und sich so bereichern konnten.
Vgl. Goldau, Axel: Die Monopolisierung des Lebens - Patente, Sortenschutz und andere Eigentumsvorbehalte, in: Kritische Ökologie: 15 [3] 1998/99, S. 6

[59] Vgl.: Brand, Ulrich: Planungsunsicherheit und Patente: Zur politischen Ökonomie der biologischen Vielfalt, in: ila, Nr. 234, April 2000, S. 4 ff.

oder Rechte zu einer Kreuz-Lizenz[60] fordern. Und dass das Patent sich auf alle nachfolgenden Generationen erstreckt, macht erst die Breite des Geltungsbereiches von Pflanzenpatenten[61] deutlich.
Vandana Shiva schreibt im Zusammenhang mit Patenten, dass diese zu einem der wichtigsten Mittel geworden seien, um Profit als Wertmaßstab einzuführen. Die ökologischen und sozialen Bedürfnisse würden durch das angestrebte Monopol der Unternehmen untergraben:

" Das Patentieren eines Objektes/Materials schliesst andere von der Schaffung/Erfindung einer neuartigen und nützlichen Variante des patentierten Objektes/Materials aus, für gewöhnlich während einer festgelegten Zeitspanne. Auf dem Gebiet des Industriedesigns und der industriellen Artefakte ist Patentieren, das ‚Produkt des Geistes zu besitzen', weniger problematisch als auf dem Gebiet biologischer Prozesse, wo Organismen sich selber fortpflanzen und zum Beispiel oft durch Züchtungstechniken und Auslese geformt, verändert oder vermehrt werden."[62]

Es werden auch Patente auf Teile des Menschen (z.B. auf Zellen und Organe) ebenso wie auf Pflanzen und Tiere zugelassen. Durch die Patente fallen alle Nachkommen und Kreuzungsprodukte eines Tieres oder einer Pflanze unter die Verfügungsgewalt des Patentinhabers. Von Patenten werden somit sogar die Vermehrungsfähigkeit und alle anderen biologischen Lebensfunktionen erfasst. Die EU-Biopatent-Richtlinie 98/44/EC legitimiert beispielsweise Patente auf Gensequenzen, sobald irgendeine kommerzielle Anwendung betrieben wird. Durch das Patent hat der Patentinhaber aber das Verfügungsrecht über alle weiteren Anwendungen, selbst über Anwendungen, die bei der Patentanmeldung noch nicht bekannt waren. Doch der Konflikt um Patente auf Lebewesen ist auf internationaler Ebene auch ein Verteilungskrieg: Industrieländer und Länder des Südens streiten sich um biologische Informationen, mit denen sich künftig viel

---

[60] *"Multinationale Konzerne können sich über verschiedene Industriesegmente und in verschiedenen geografischen Märkten Kreuz-Lizenzen zuschanzen. Kleinere Firmen haben in diesem weltweiten Mammuthandel keinen Platz mehr. Patente sind folglich der Schlüssel zur exklusiven Kontrolle dieser Lebensprozesse und damit zur Konzentrierung des Weltmarktes auf einige wenige Riesenkonzerne. Daher das ungeheure Interesse. Und das macht sie so gefährlich."*
Mooney, Pat R., in: Koechlin, Florianne: Patente auf Lebewesen: Kontrolle über weltweite Ernährungsgrundlagen, in: Biologische Vielfalt: wer kontrolliert die genetischen Ressourcen?, S.112-113
[61] Vgl. dazu das Patent der US-Firma Monsanto für transgene Round-Up-Ready Soja, Nr. EP 546090, *I. 2.4 "Internationale Fälle von Biopiraterie und Patentierung"*
[62] Shiva, Vandana: Reduktionismus und Regeneration: Eine Krise der Wissenschaft, in: Ökofeminismus, S. 47

Geld machen lässt. 97 Prozent aller Patente weltweit gehören den Industrieländern!

I. 2.3 Geistige Eigentumsrechte, Trips

Das sogenannte TRIPS-Abkommen (Agreement on Trade-related Aspects of Intellectual Property Rights) wurde 1995 bei der Marrakesch-Runde der GATT-Verhandlungen[63] zur Liberalisierung des Welthandels verabschiedet. Die WTO verwaltet das Abkommen und in der WTO finden die Verhandlungen statt. Das TRIPS-Abkommen enthält die Regelung über den Handel mit geistigem Eigentum z. B. die Erteilung von Patenten auf Pflanzen, deren genetische Zusammensetzung in Labors aufgeschlüsselt wird, da sie Patentrechte zum Schutz des geistigen Eigentums zulassen. Das Abkommen zwingt die Entwicklungsländer, ihre nationalen Systeme zum Schutz gewerblicher Rechte im Rahmen abgestufter Übergangsfristen auf das, von den Industrieländern geforderte Niveau anzuheben und darüber hinaus auch auf den Bereich der belebten Natur auszudehnen.

Durch die institutionelle Verknüpfung der Liberalisierung des Welthandels (WTO, mit ihrer Politik des Abbaus von Handelshemmnissen) mit neuen biotechnologischen und gentechnischen Verfahren sowie Exklusivrechten der gewerblichen Nutzung (Patentrechte) zeigt sich eine deutliche Verlagerung der Regulierungsebene von der nationalen auf die supranationale bzw. globale Ebene zugunsten der internationalen Unternehmen. Diese Verknüpfung hat auch eine neue Dimension der internationalen Handelsverhandlungen auf die Tagesordnung gebracht.

Das TRIPS-Abkommen ist stark vom Vorbild des US-Patentrechtes geprägt. Alles deutet darauf hin, dass die vereinbarten Regelungen, die der

---

[63] Das GATT (General Agreement on Trade and Tariffs) wurde 1994 in die Welthandelsorganisation WTO (World Trade Organisation) überführt. Ziel der WTO ist es, den globalen Handel ohne Zollbeschränkungen und Handelshemmnisse zu gewährleisten. Die WTO hat 134 dem Papier nach gleichberechtigte Mitgliedsstaaten, de facto werden aber die großen Industriestaaten eindeutig bevorzugt behandelt. Die Ministerkonferenz, bei der zweijährlich die Handelsminister der Mitgliedsstaaten zusammentreffen, schafft als höchstes Entscheidungsgremium seit 1995 völkerrechtlich verbindliche Spielregeln für den Welthandel. Die WTO ist einflussreicher als das GATT, das bereits zur Liquidierung der Kleinbauern, zur Zerstörung der Biodiversität und zur Zunahme der Verarmung insbesondere in der Dritten Welt geführt hat: die WTO ist nicht nur für die Industriezölle zuständig, sondern auch für den globalen Handel von Dienstleistungen, geistigem Eigentum und Investitionen und ist zudem Überwachungsorgan der GATT-Bestimmungen. Die Macht der WTO resultiert auch aus dem in Handelsstreitigkeiten zwischen den Mitgliedsstaaten bindenden Urteil des WTO-Schiedsgerichts.
Vgl.: *Mies*, Maria, von Werlhof, Claudia (Hrsg.): Lizenz zum Plündern, u.a. S. 205
Strutzmann, Iris: Freihandel für die Gentechnik, in: Lateinamerika anders, II-12 1999, S. 23

internationalen Harmonisierung der national gültigen Patentrechte dienen sollte, deutlich von den Life-Industries beeinflusst wurden. Der Konflikt um bio- und gentechnische Vormachtstellungen und genetische Ressourcen spitzt sich durch das Verhandeln um global gültige Spielregeln im internationalen Handel zu.[64] Das TRIPS-Abkommen ermöglicht den rechtlichen Zugriff auf das Wissen indigener Völker und von Bäuerinnen und Bauern, das über Jahrhunderte angewendet und weitergegeben wurde. TRIPS bringt also den Schutz von Patenten für die Industriestaaten und nicht den Schutz des Wissens indigener Völker.

Vandana Shiva bezeichnet deshalb die Rechte am geistigen Eigentum (Intellectual Property Rights, IPR) im Allgemeinen Zoll- und Handelsabkommen GATT ebenso wie die Patent-Schutz-Gesetze, die Saatgutkriege und die Handelskriege als eine moderne Version des Anspruchs auf Besitz durch Abtrennung. Mit dem Zusatz "handelsbezogen" auf die Eigentumsrechte auf Geistesprodukte (→ **Trade-Related** Aspects of Intellectual Property Rights) erreichte das GATT, dass die Frage der Eigentumsrechte an genetischen Ressourcen und Lebensformen auf die Tagesordnung der internationalen Handelsverhandlungen gesetzt wurde. Ziel dieser Rechte an geistigem Eigentum ist es, laut Shiva, das Saatgut aus der Obhut von Bäuerinnen zu nehmen und es zum Privatbesitz von multinationalen Konzernen zu machen.[65]

Um die Tragweite des TRIPS-Abkommens für Bäuerinnen und Bauern, insbesondere der Dritten Welt, zu erfassen, muss der Artikel 27 des Abkommens näher betrachtet werden.

Art.27 "patentierbare Gegenstände", Absatz 3 besagt:

" Die Mitglieder können von der Patentierbarkeit ausschließen:
*[...] b) Pflanzen und Tiere mit Ausnahme von Mikroorganismen, und im wesentlichen biologische Verfahren für die Erzeugung von Pflanzen und Tieren, mit Ausnahme von nichtbiologischen und mikrobiologischen Verfahren. Die Mitglieder sehen jedoch den Schutz von Pflanzensorten entweder durch Patente oder durch ein wirksames System eigener Art (sui generis) oder durch eine Verbindung beider vor. Die Bestimmungen werden vier Jahre nach In-Kraft-Treten des WTO-Abkommens überprüft."[66]

---

[64] Vgl.: *Görg*, Armin: Biologische Vielfalt: Freier Zugang oder Ausverkauf, in: Entwicklungspolitik, 15/16, 2001
Seiler, Armin: TRIPS und die Patentierung lebender Materie - Handlungsmöglichkeiten für die Dritte Welt, in: Kritische Ökologie, 15 [3] 1998/99
Shiva, Vandana: Biodiversität: Plädoyer für eine nachhaltige Entwicklung, S. 39 ff.
[65] Vgl.: Shiva, Vandana: Reduktionismus und Regeneration: Eine Krise der Wissenschaft, in: Ökofeminismus, S. 49
[66] World Trade Organisation: Trade and the Environment (Restricted), WT/CTE/W/8, June 1995, S. 39

Auf den ersten Blick scheint es, dass obgenannter Artikel vom Ausschluss von Pflanzen und Tieren von der Patentierbarkeit handelt. Die Formulierung "*mit Ausnahme von Mikroorganismen*" bedeutet aber, dass die Mitglieder des WTO-Abkommens definitiv dazu verpflichtet werden, Patentschutz bereitzustellen für Mikroorganismen, sowie mikrobiologische und nichtbiologische Verfahren (zur Herstellung von Pflanzen und Tieren). Sie sind nicht verpflichtet zur Patentierung übergeordneter Kategorien von Pflanzen und Tieren (etwa Arten oder Gattungen), sie müssen jedoch auf der Ebene der Pflanzensorten (Varietäten) entweder Patentschutz oder ein effektives Schutzsystem eigener Art (sui generis) oder eine Kombination aus beidem bereitstellen.[67]

Nachdem Mikroorganismen lebende Organismen sind und durch den Einsatz mikrobiologischer und nichtbiologischer Verfahren zur Modifizierung auch Tiere und Pflanzen patentiert werden können, handelt es sich hierbei um die Möglichkeit zur Patentierbarkeit allen Lebens.

Die Reduktion komplexer Organismen auf ihre Einzelteile, die Reduktion von Leben auf Zellen, sowie deren Betrachtung als reinen "Input" für die Gentechnik verdeutlichen die rassistische und die „alchemistische" Sicht der sogenannten "wissenschaftlichen Entwicklung": geistiges Eigentum wird nur als solches anerkannt, wenn es von weißen Laborkitteln erbracht wird, selbst wenn es nur von anderen Kulturen annektiert und in patentiertes "geistiges Eigentum" umgewandelt wird, und Genen wird erst dann ein Wert (weil für den Markt durch die Möglichkeit der Kapitalakkumulation interessant) zugesprochen, wenn sie manipuliert und deshalb patentierbar werden.

Die Bevölkerung des Südens und Bauern sind in zweifacher, grausamer Weise zum Spielball der Multis geworden: die biologische Vielfalt, die patentiert wird, stammt ursprünglich aus den Ländern der Dritten Welt und wurde ohne Bezahlung oder Gewinnbeteiligung durchgeführt, gleichzeitig sind es gerade Bauern und Gemeinschaften der Dritten Welt, die zur Erzielung ihres Lebensunterhalts auf Saatgut angewiesen sind - Saatgut, das in der Zwischenzeit patentiert und verkrüppelt wurde und deshalb jedes Jahr aufs Neue teuer eingekauft werden muss. Der zerstörerische Kreislauf von Armut, Verschuldung und Abhängigkeit wird aufs Neue in Gang gesetzt.

Und dabei wollten die USA den Ländern der Dritten Welt die Anwendung von "unfairen Handelspraktiken" unterstellen, sollten sie die US-Patentrechte, die Monopolrechte auf Lebensformen zulassen, nicht übernehmen![68]

---

[67] *Shiva*, Vandana: Biodiversität: Plädoyer für eine nachhaltige Entwicklung, S. 39 ff.
Seiler, Armin: TRIPS und die Patentierung lebender Materie, in: Kritische Ökologie, 15 [3] 1998/99
[68] Vgl.: *Nijar*, Gurdial Singh: Patente auf Lebensformen, in: Biologische Vielfalt: wer kontrolliert die genetischen Ressourcen?, S.123 ff.;
Shiva, Vandana: Biodiversität: Plädoyer für eine nachhaltige Entwicklung, S. 39 ff.
Shiva, V.: GATT, Landwirtschaft und Frauen der Dritten Welt, in: Ökofeminismus S. 301 ff.

Zwischen der Kolonisierung Amerikas und dem Schutz von geistigen Eigentumsrechten im TRIPS-Übereinkommen gibt es eine wesentliche Parallele. Vandana Shiva sieht hinter der Freiheit, die transnationale Unternehmen durch den Schutz von geistigen Eigentumsrechten im TRIPS-Übereinkommen für sich beanspruchen dieselbe Freiheit, die die europäischen Kolonialisten seit 1492 für sich beansprucht haben:

" Damals schuf Kolumbus einen Präzedenzfall, indem er das Recht, nichteuropäische Völker zu unterwerfen, als ein Naturrecht europäischer Männer betrachtete. Die vom Papst durch europäische Könige und Königinnen ausgestellten Grundstücksurkunden waren die ersten Patente." [69]

I. 2.4 Internationale Fälle von Biopiraterie und Patentierung

Bei den neuen Biotechnologien geht es nur zum Vorwand um die Beseitigung von Hunger, Krankheit, Armut, Kinderlosigkeit usw. Wenn wir aber Gentechnik in ihrem wirtschaftlich-sozialen Zusammenhang betrachten, wird deutlich, um was es geht: durch die enge Verflechtung von Gentechnik und Bioforschung mit dem konkurrenzorientierten, weil ausschließenden Charakter des Patentrechtes, wird deutlich, dass es im Grunde nur um die Erschließung neuer Investitionsterritorien, neuer Kolonien und neuer Märkte für die Wirtschaft - also um die profitable Vermarktung von allem Lebendigen, von Pflanzen, Tieren und Menschen - und um deren Kontrolle geht, und das global. In besonderem Maße verdeutlicht wurde dies durch den jüngsten Run von Wissenschaftlern, insbesondere von Genforschern und sogenannten Life-Science-Konzernen, auf Patente für "genetische Erfindungen." Seinem Wesen nach ist ja das Patentsystem eindeutig für unbelebte Materie konzipiert[70].

Am Beispiel des Saatgutmarktes wird deutlich, dass die herrschende Wissenschaftslogik einmal mehr dem Prinzip des *Teile und herrsche* folgt: damit DNA, Gensequenzen usw. manipulier-, patentier- und damit aneigenbar werden, müssen sie aus dem lebenden Organismus isoliert werden. Sie werden aus dem lebendigen Zusammenhang gerissen und zu bloßem subjektlosen Bio-Rohstoff, der niemandem gehört, erklärt, der dann willkürlich kombiniert und privat angeeignet wird. In diesem Sinne wird Zerstückelung und Zerstörung zur Quelle für die Schaffung von Wert und Reichtum - zur neuen Kolonie mit dem Endziel der Kontrolle über sie. Die Genforscher bleiben ganz in der Tradition der früheren Kolonisatoren: ähnlich wie bei der "Entdeckung" Amerikas, deklarieren die modernen Kolonisatoren Eroberung, Raub und Piraterie als Entdeckungen und Erfindungen, wird die angewandte Gewalt verschwiegen und

---

[69] Shiva, Vandana: GATT, Landwirtschaft und Frauen der Dritten Welt, in: Ökofeminismus, S. 316
[70] Vgl.: *I. 2.2 „Patente"*

die sich so angeeigneten Gebiete werden zur *terra nullius*, zum leeren oder Nicht-Land erklärt, das erst durch die Eroberer einen Namen und eine eigene Identität und einen neuen Besitzer bekommt. Nunmehr ist das Ziel aber nicht mehr "nur" die private Aneignung und Legitimierung dieser Aneignung, sondern die Absicherung von Monopolen.[71]

Wie es dazu kommen konnte, dass auch Lebewesen patentiert werden können, welch hinterlistige Methoden die Biopiraten anwenden und welch existenzbedrohende Auswirkungen das Patentwesen (insbesondere in Verbindung mit Gentechnologie) für Millionen vom Markt bisher mehr oder weniger unabhängiger, auf Subsistenz ausgerichteter Kleinbauern, indigene Gemeinschaften usw. hat, sollen die folgenden zwei Kapitel aufzeigen.

I. 2.4.1 Das Patent als Lizenz für Biopiraterie

Als "Durchbruch" für moderne Patente auf Leben, und zwar Rechte auf geistiges Eigentum über Leben, gilt der "Diamond v. Chakrabarty"-Fall im Jahr 1980 durch die Entscheidung des Obersten US-Gerichtshofes: 1971 gelang es dem Gentechniker Ananda Mohan Chakrabarty, einem Angestellten von General Electrics, Plasmide aus drei verschiedenen Bakterien in ein viertes Pseudomonas-Bakterium zu transferieren. Diese genetisch manipulierten Bakterien können sehr effizient Öl abbauen. Chakrabarty selbst sagte über seine "Erfindung": *"Ich mischte einfach nur Gene und veränderte Bakterien, die bereits existierten."*[72]

Zunächst wurde die Patentanmeldung zurückgewiesen. Nachdem General Electrics durch alle Instanzen klagte, hatte die Firma neun Jahre später in den USA eine Grundsatzentscheidung über Patentrechte auf Leben durchgesetzt. Obwohl Chakrabarty also zugegeben hatte, nichts Neues geschaffen, sondern nur Gene hin- und hergeschoben zu haben, war die Auslegung des Obersten Gerichts der USA, dass gentechnisch hergestellte Organismen ein neues "Erzeugnis" und eine neue "Zusammenstellung von Materie" darstellen und deshalb patentierbar seien.

Dieser Entscheidung des Obersten US-Gerichtshofes zufolge kann Leben patentiert werden, wenn
- *es technisch gegenüber dem Naturzustand verändert wurde*
- *es technisch in Massen hergestellt wurde*
- *und es technisch eingesetzt wird und damit toter Materie ähnlicher ist als Lebewesen.*[73]

---

[71] Vgl.: Mies, Maria: Patente auf Leben, in: Die Eroberung des Lebens, S. 119ff.
[72] Goldau, Axel: Die Monopolisierung des Lebens - Patente, Sortenschutz und andere Eigentumsvorbehalte, in: Kritische Ökologie 15 (3) 1998/1999, S.7
[73] Ebda., S.8

Diese "Einschränkungen" durch den Obersten Gerichtshof wurden allerdings sehr schnell gelockert: im Jahr 1981 wurde in den USA das erste Patent auf eine gentechnisch manipulierte Pflanze erteilt; am 12.4.1988 erhielt der Harvard-Professor Philip Leder unter der Patentierungsnummer 4.736.866 das erste Patent auf ein gentechnisch manipuliertes Säugetier: die "Krebsmaus" der Firma Dupont, die eine Reihe von Fremdgenen, so etwa solche von Menschen und Hühnern, enthält. Das Patent bezieht sich auf sämtliche wie auch immer genmanipulierte Säugetiere, denen Gene eingefügt wurden, die Krebs verursachen.[74]

Der Geltungsbereich von US-Patenten ist außerordentlich: bereits jetzt gelten US-Patente in der gesamten nordamerikanischen Freihandelszone NAFTA. Die Bestrebungen der Amerikaner laufen in die Richtung, dass ihre Patente weltweit anerkannt werden sollen.

1992 erteilte auch das Europäische Patentamt EPA, nach anfänglicher Ablehnung und einer erfolgten Umdefinition, das Patent an der Krebsmaus.[75]

Die Erfahrung hat gezeigt, dass US-Patente um knapp drei Jahre verzögert, auch vom europäischen Patentamt zugelassen werden.[76]

Mittlerweile hat es einen regelrechten Patentierungsboom gegeben - die Erteilung von Patenten auf Erbinformationen, auf Mikroorganismen, Pflanzen, Tiere und Menschen sind längst keine Horrorvision mehr sondern Realität.

Internationale Schlagzeilen gemacht hat etwa das US-Patent auf die Heilpflanze Ayahuasca, das mittlerweile als Synonym für den Raub am Wissen indigener Völker gilt. Als Quechua-Ausdruck für einen berauschenden Trank ist Ayahuasca (mit der Bedeutung "Ranke der Seele") bereits seit vielen Generationen tief in der Mythologie der Indianer im Nordwesten Südamerikas verwurzelt - erlaubt er ihnen doch, so der Glaube, dass der Trank die Seele vom Körper loslöse, und diese dann frei umher- und wieder in den Körper zurückwandern könne. Die Grundlage des Tranks bilden zwei nahe verwandte Lianenarten der Gattung *Banisteriopsis (Malphighiaceae)*. Dem Schamanen dient der Pflanzenextrakt dazu, Krankheiten zu erkennen, drohende Gefahren abzuwenden, die List des Feindes zu erraten oder zukünftige Ereignisse vorherzusagen. 1986 erhielt die US-Firma *International Plant Medicine Corporation IPMC* ein Patent, das ihr die alleinigen Verwertungsrechte für eine Varietät der Lianenart *Banisteriopsis caapi* sichert. Diese Lianenart kommt im

---

[74] Vgl.: Ebda., S.8
Mies, Maria: Patente auf Leben, in: Die Eroberung des Lebens, S. 122ff.
[75] Vgl.: Mies, Maria: Patente auf Leben, in: Die Eroberung des Lebens, S. 123
[76] Vgl.: Goldau, Axel: Die Monopolisierung des Lebens - Patente, Sortenschutz und andere Eigentumsvorbehalte, S.8
Siehe dazu auch: Shiva, Vandana: Patenting life forms- Why ecologists should worry about the Dunkel Draft; Third World Resurgence No. 38 p.4, Penang, 1993

Amazonas-Regenwald vor und wird traditionell in der Ayahuasca-Zubereitung genutzt. Die Inhaltsstoffe wirken gegen Krankheiten wie Krebs und Parkinson. IPMC hatte an der Entwicklung eines psychiatrischen Medikaments gearbeitet. Mit Unterstützung des *Center for Environmental Law* erwirkte der Dachverband der indigenen Völker des Amazonasgebietes COICA eine Überprüfung des Patentes, denn es seien keineswegs die Forscher der US-Firma gewesen, die die Heilwirkung der Pflanze "erfunden" hätten. Im November 1999 wurde das Patent mit der Begründung, dass die Pflanze bei Beantragung des Patentes bereits bekannt und verfügbar war, aufgehoben und "Ayahuasca" als geistiges Eigentumsrecht indigener Völker anerkannt.[77]

Ein weiterer Fall dreister Biopiraterie ist die Patentierung von Basmatireis. Basmati ist aufgrund seines Aromas, seines Geschmacks und seines langen Korns eine Besonderheit unter den 200.000, von indischen Bauern entwickelten, verschiedenen Reissorten. Es ist schriftlich und mündlich überliefert, dass der natürlich parfümierte Basmati seit Jahrhunderten auf dem indischen Subkontinent angebaut wird. Das breite Spektrum von Basmativarietäten ist der jahrelangen Forschungsarbeit indischer und pakistanischer Bauern zu verdanken, und auch die überragenden Qualitäten des Reises beruhen in erster Linie auf dem innovativen Beitrag der Bauern. 10 bis 15 Prozent der Gesamtreisanbaufläche beträgt der Anteil von Basmatireis in Indien; 650.000 Tonnen der 27 verschiedenen dokumentierten Basmativarietäten werden jährlich in Indien angebaut und 400.000 bis 500.000 Tonnen exportiert - fast 100.000 Tonnen betrug der Export in die EU im Jahr 1996-97.[78]
Am 2. September 1997 erhielt die Firma *RiceTec Inc.* aus Texas das Patent Nr. 5663484 auf Basmatireis-Linien und -Körner (*"Basmati Rice Lines and Grains"*). Die US-Firma handelte zu diesem Zeitpunkt bereits mit Reis unter ihren eigenen Handelsnamen wie z.B. Kasmatai, Texmati und Jasmati. Der patentierte Basmatireis setzt sich aus thailändischen, pakistanischen und indischen Sorten zusammen und erhielt nach US-Markenrecht den Namen „Basmati". Das Patentrecht ermöglicht *RiceTec Inc.* den Verkauf einer "neuen" Sorte von Basmatireis in den USA und im Ausland, die sie, laut Anspruch der Firma, unter dem Namen "Basmati" entwickelt hat. Die indische Regierung focht dieses Basmati-Patent vehement an mit dem Argument, dass es den Export von indischen Basmati-Reis gefährdet. Die Existenz tausender Bäuerinnen und Bauern aus dem Punjab wäre dadurch bedroht. Laut Angaben der indischen Regierung werden mit dem indischen Basmati-Reis pro Jahr

---
[77]Vgl.: Koechlin, Florianne: Patente auf Lebewesen: Kontrolle über weltweite Ernährungsgrundlagen, in: Biologische Vielfalt: wer kontrolliert die genetischen Ressourcen, S. 111-112
[78] Vgl.: Shiva, Vandana: Biodiversität: Plädoyer für eine nachhaltige Entwicklung, S. 48-49

800 Millionen Dollar verdient, und eben dieser Handel wird bedroht, da der Handel unter dem Namen „Basmati-Reis" gegen den Patentschutz verstößt. Obwohl das Patent sich auf eine besondere Sorte von Basmatireis bezieht, hat die Klausel *"funktionell gleichwertig"*[79] im Vertragstext weitreichende Auswirkungen: wird der Anspruch des Patents so interpretiert, dass es auf alle funktionellen Sorten von Basmatireis angewendet wird, die zur Entwicklung der patentierten Sorte (Basmati 867) eingesetzt wurden, könnten indische und pakistanische Bauern zur Zahlung von Patentgebühren für die Nutzung ihres eigenen Saatguts und ihrer eigenen Rassen gezwungen werden.[80]

Auch in Thailand hat das Patent große Bestürzung hervorgerufen: thailändische Bäuerinnen und Bauern im Nordosten des Landes haben dort seit über einhundert Jahren eine Qualitätsreissorte entwickelt, die als Jasmine oder Khao Dawk Mali bezeichnet wird. Über 200 Linien dieser Sorte, die den jeweiligen Bedingungen des Anbaugebietes angepasst sind, wurden dort mittlerweile entwickelt, und etwa fünf Millionen Bäuerinnen und Bauern des thailändischen Nordostens erzielen ihren Lebensunterhalt durch den Anbau dieses Reises. Trotz mehrerer Versuche, den Reis in einem anderen Gebiet anzubauen, wurde nie die hohe Qualität erreicht. Die thailändische Regierung will als Reaktion auf die Wirtschafts- und Finanzkrise den Exportanbau von Jasmine-Reis erhöhen. Befürchtungen wurden laut, dieselbe Firma, die ausschließliche Eigentumsrechte beansprucht und große Gewinne aus der indisch-pakistanischen Reiskultur ohne jeglichen Kostenausgleich erwirtschaftet, könne auch Jasmine-Reis als Eigentum beanspruchen. Bereits seit einigen Jahren vermarktet *RiceTec Inc.* eine Sorte, die als "Jasmati" bezeichnet wird, aber weder etwas mit indisch-pakistanischem Basmatireis noch mit thailändischem Jasmine-Reis zu tun hat. Falls es der Firma gelingt, ein Qualität bestimmendes Gen zu "entdecken", könnte auch ein Patent auf Jasmine-Reis erteilt werden. Die Bäuerinnen und Bauern Thailands würden dann ihr Produkt nicht mehr exportieren können: *RiceTec* hätte damit einen Monopolanspruch über eine Sorte, die es im Grunde gestohlen hat, und

---

[79] *"Obwohl die Erfindung im Detail mit Bezug auf spezifische darin enthaltene Realisierungen beschrieben wird, wird vorausgesetzt, dass Variationen, die funktionell gleichwertig sind, in den Bereich dieser Erfindung fallen. In der Tat werden mehrere Modifizierungen der Erfindung zusätzlich zu den hier gezeigten und beschriebenen aus der vorhergehenden Beschreibung und den beigefügten Zeichnungen für diejenigen offensichtlich werden, die fachlich ausgebildet sind. Solche Modifizierungen werden weiter gefasst, sodass sie in den Bereich der beigefügten Ansprüche fallen."*
Shiva, Vandana: Biodiversität: Plädoyer für eine nachhaltige Entwicklung, S.50
[80] Vgl.: Koechlin, Florianne: Patente auf Lebewesen: Kontrolle über weltweite Ernährungsgrundlagen, in: Biologische Vielfalt: wer kontrolliert die genetischen Ressourcen?, S. 111-120

lediglich mittels Gentechnik und Patentrecht als Eigentum für sich beanspruchen kann.[81]

Auch hierbei handelt es sich um einen eindeutigen Fall von Biopiraterie: die Aromen von Basmati- und Jasminereis existieren seit Jahrhunderten und wurden von indischen und pakistanischen Bauern weiterentwickelt. Die Entwicklung der "neuen" Sorte (Basmati 867) durch *RiceTec Inc.* ist durch konventionelle Züchtungsmethoden vom indischen Basmatireis, durch die Kreuzung verschiedener Sorten zur Vermischung von Merkmalen, erfolgt. Die zur Erteilung eines Patents notwendigen Bedingungen der "Neuartigkeit" (es darf nicht Teil des gegenwärtigen Stands der Technik oder von existierendem Wissen sein) und "Erfindung" ("Nicht-Offenkundigkeit", d.h. dass es jemandem, der mit den Fertigkeiten vertraut ist, nicht möglich sein sollte, denselben Schritt zu vollziehen) sind in diesem Fall nämlich nicht gegeben.[82]

Als weiterer Fall von Biopiraterie soll kurz der Neembaum angesprochen werden. Neem, dessen wissenschaftlicher Name *Azadirachta indica* aus dem Persischen mit der Bedeutung „Freier Baum" ableitet, ist ein in Asien sehr bekannter und lange kultivierter Baum, der dort zu Heilzwecken und im Pflanzenschutz seit Jahrhunderten verwendet wird. Lange Zeit wurden der Baum und seine Wirkungen in den sogenannten entwickelten Ländern ignoriert, bis die zunehmende Ablehnung chemischer Produkte in den 80er Jahren zu einer regelrechten Begeisterung für den Neembaum führten. Seit 1985 ist Neem auch in den Patentbüros des Nordens bekannt, wo Konzerne einige Dutzend Patente auf Neem angemeldet haben. Mindestens vier Patente sind im Besitz von *W.R.Grace* aus den USA, drei im Besitz des ebenfalls aus den USA stammenden *Native Plant Institute* und zwei im Besitz der japanischen *Terumo Corporation*. Auch *Monsanto* beansprucht zwei Patente für sich. Im Mai 2000 wurde ein gemeinsames Patent von W.A.Grace und dem amerikanischen Landwirtschaftsministerium USDA vom Europäischen Patentamt abgelehnt. Bei dem Patent geht es um ein Verfahren, Öl aus dem Neem-Baum gegen den Pilzbefall von Nutzpflanzen aufzubereiten. Vandana Shiva, Linda Bullard und Magda Aelvoet hatten bereits Mitte der 90er Jahre Einspruch gegen das Patent 0436257 eingereicht. Die drei Frauen wurden in ihrer Aufklärungs- und Protestarbeit von mehreren umwelt- und entwicklungspolitisch engagierten Organisationen (v.a. *Research Foundation for Science, Technology and Ecology RFSTE, International Federation of Organic Agriculture Movements IFOAM* und den Europäischen Grünen Parteien) unterstützt. Das Europäische Patentamt befand kategorisch, dass es dem Patent an Neuartigkeit und Einfallsreichtum fehle, womit es keine

---

[81] Vgl.: Goldau, Axel: Die Monopolisierung des Lebens- Patente, Sortenschutz und andere Eigentumsvorbehalte, S. 8

[82] Vgl.: Shiva, Vandana: Biodiversität: Plädoyer für eine nachhaltige Entwicklung, S. 50-51

Erfindung ist, die einen wettbewerblichen Schutz rechtfertigt, und es auf der Piraterie existierender Wissenssysteme beruhe. Es liegen aber weitere Patente beim Europäischen Patentamt vor und weltweit gibt es 90 Patente auf Zubereitungen aus dem Neem-Baum.[83]

I. 2.4.2 Gen-Giganten als Monopolbeherrscher der lebendigen Vielfalt

Der Hintergrund der "Saatgutkriege" ist kein anderer als eine neue, moderne Version des Anspruchs auf Besitz durch Abtrennung und bei der Aneignung, die nun als "Entwicklung" und "Verbesserung" bezeichnet wird, handelt es sich im Grunde um Raub, um Raub mit einem Recht auf Besitzanspruch, begründet mit der Behauptung, etwas verbessern zu können.[84]

Das Aufkommen der Biotechnologie hat die Vorstellungen vom Eigentum am Lebewesen grundsätzlich geändert. Die Umwandlung von Samen in eine genetische Ressource mit dem Ziel der Konstruier- und Patentierbarkeit, sowie der angeblich notwendigen "Verbesserung" durch Unternehmen, hat die Folge der Enteignung der Bäuerinnen und Bauern: ihr jahrhundertelanger Beitrag im Bereich der Bewahrung, Züchtung, Domestizierung und Entwicklung von pflanzlichen und tierischen Genressourcen wird abgewertet - einheimische Sorten oder Landrassen die bisher von den Bäuerinnen und Bauern in der Dritten Welt produziert und benützt wurden, werden zu "primitiven Kulturpflanzen", die von transnationalen Saatgutfirmen hergestellten Sorten zu "Elite-Sorten" - und die jahrhundertealte Praxis der Gewinnung von eigenem Saatgut aus der Ernte durch den Akt der Patentierung geradezu kriminalisiert. Monopolrechte auf Lebensformen werden kommerziellen Unternehmen, die sich der Gentechnologie bedienen, zugesprochen, während traditionelle und im Laufe der Jahrhunderte weiterentwickelte und verbesserte Techniken von Bauern und Bäuerinnen in der Dritten Welt abgewertet, ja entwertet werden.[85]

Die Frage des Saatgutes zeigt sehr deutlich, dass im ganzen Biodiversitätsdiskurs mit zweierlei Maß gemessen wird: auf der einen Seite ist da Genmaterial, das plötzlich als wertlos und als gemeinsames Erbe gilt, auf der anderen Seite Genmaterial, das als wertvolle Ware und Privateigentum behandelt wird, wobei dieses System das erstgenannte in seine Grenzen zwängt. Das Beispiel des Saatgutes fügt sich in eine Reihe von Doppelstrukturen, die seit

---

[83] Vgl.: Shiva, Vandana: Biodiversität; S. 46-48
www.inka-ev.de/eigentumsrechte.htm
Liste der 20 abscheulichsten Patente, nach RAFI, Pat Mooney, 1998, in: Kritische Ökologie 15 (3) 1998/1999
[84] Vgl.: Mies, Maria, Shiva, Vandana: Ökofeminimus, Zürich, 1995, S. 48f.
[85] Vgl. *Shiva*, Vandana: Biodiversität: Plädoyer für eine nachhaltige Entwicklung, S. 31 ff.
Shiva, Vandana: Reduktionismus und Regeneration: Eine Krise der Wissenschaft, in: Ökofeminismus, S. 43-48

dem Zeitalter der Aufklärung festzustellen waren (und sind). Für das moderne Naturverhältnis und die Industriegesellschaft in einem weiteren Sinne sind Ambivalenzen geradezu kennzeichnend: die Gleichzeitigkeit von theoretischer Neugierde auf die Natur als Gegenstand wissenschaftlicher Erkenntnis, also der Wunsch nach Bereicherung durch die Natur, und die Lust an der Natur, also der Wunsch nach einem ursprünglichen Naturverhältnis, das Streben nach einem wachsenden Bruttosozialprodukt und der gleichzeitige Wunsch nach einer gesunden Umwelt usw. Das Instrument der Patentierung setzt dieser Ambivalenz noch eins drauf: die Gleichzeitigkeit von wertlosem und wertvollem Saatgut (also von wertloser und wertvoller Natur) wird durch menschliches Zutun erreicht: Menschen sind es, die der einen Natur ihren Wert aberkennen, und der anderen Natur einen höheren, weil exklusiven (vermarktbaren), Wert zusprechen. Es handelt sich hierbei also im Grunde um *zwei* Naturen – eine „gute", weil unterwerf-, kontrollier- und vermarktbare Natur, und eine „böse", weil noch nicht gezähmte und beherrschte („wilde") Natur. Die noch „wilde" Natur wird abgewertet bzw. entwertet, zu zähmen und unterwerfen versucht und möglichst beherrscht und somit zu „guter" Natur umgewandelt. Der Mensch als scheinbarer Verbesserer von Natur!

Dem als wertlos betrachteten Gen wird durch die Ausstellung eines Patentes ein Wert verliehen. Die Umwandlung von wertloser Materie in ein edles, wertvolles Produkt durch das Zutun weißer Laborkittel oder mittels einer im westlichen Kapitalismus be- und gegründeten Institution ist ein weiterer Schritt in der Unterwerfung, Ausbeutung und Beherrschung der Natur, der Dritten Welt und der Frauen.

Der Dualismus in der Politik multinationaler Unternehmen wird im Zusammenhang mit Saatgut auch auf einer anderen Ebene deutlich: auf der einen Seite wird das natürliche Saatgut als verbesserungsbedürftig bezeichnet und behandelt, da die Natur die Pflanzen zu langsam und zu primitiv erneuere. Auf der anderen Seite gelangte man(n) auch zur Einsicht, dass Leben ein Problem sei, da es sich ohne Einschränkungen und ohne menschliches Zutun vermehrt und erneuert und gerade diese Erneuerungsfähigkeit ein Hindernis auf dem Weg zur Degradierung des Lebens zu einer Ware bzw. zu seiner Kontrolle durch wenige darstellt. Also wurde mit Hilfe der industriellen Züchtung die Verwandlung der biologischen Ressource in eine nicht-erneuerbare Ware ermöglicht. Der Saatgut-Markt wurde im heutigen Ausmaß erst durch die Beraubung des Saatgutes um seine Fähigkeit zur Fortpflanzung und Vermehrung geschaffen.

In diesem Zusammenhang soll auf den Konflikt "Monsanto vs. Schmeiser" und die Hintergründe und Tragweite des Pflanzenpatentes für transgenes *Round-Up Ready Soja* hingewiesen werden. Jahrzehntelang hatte der kanadische Farmer Percy Schmeiser versucht, das Saatgut, das er auf seiner Farm in Saskatchewan verwendete, selbst zu züchten. Vor einigen Jahren stellte er fest, dass seine Felder mit gentechnisch modifiziertem *Canola* des Agrarmultis *Monsanto* verunreinigt worden waren. Dieses Saatgut war resistent gemacht worden gegen das Herbizid *Roundup* der Firma *Monsanto*, das von vielen Farmern und so auch von Schmeiser zur Unkrautbekämpfung eingesetzt wurde: werden Pflanzen auf gentechnischem Weg gegen dieses Herbizid resistent gemacht, bleiben nach dem Besprühen mit *Roundup* eben nur noch diese Pflanzen übrig. Die Geschichte nahm dann den eigentlich grotesken Lauf, dass nicht Schmeiser gegen *Monsanto* wegen Verunreinigung des Saatgutes und die Zerstörung jahrelanger Züchtungsversuche lokal angepasster Saatgutes klagte. Vielmehr lautete die Klage umgekehrt: Schmeiser wurde von *Monsanto* auf Zahlung an Lizenzgebühren verklagt - und *Monsanto* hat Recht bekommen. Schmeiser wurde von einem kanadischen Gericht zur Zahlung von 105.000 US-Dollar Lizenzgebühren und 25.000 US-Dollar Strafe verklagt. Das Gericht betonte dabei, dass es keine Rolle spiele, ob das *Monsanto*-Saatgut absichtlich, unbeabsichtigt, oder sogar gegen den ausdrücklichen Willen des Bauern auf den Acker gelangt sei, ausschlaggebend sei lediglich: Wenn es patentgeschützt ist, dann sind darauf Gebühren zu entrichten.[86]

Erwähnenswert ist in diesem Zusammenhang aber auch die außerordentliche Breite des Geltungsbereiches des Pflanzenpatentes: als Inhaber des Patentes für transgenes *Round-Up Ready Soja* mit der Nummer EP 546 090 besitzt *Monsanto* nicht nur ein exklusives Monopolrecht d.h. ausschließliche Nutzungsansprüche auf alle transgenen Sojapflanzen, die gegen das Totalherbizid *Roundup* resistent sind, sondern auf alle gentechnisch veränderten Pflanzen, die eine künstlich herbeigeführte *Roundup-Ready* Resistenz enthalten, wie beispielsweise *"Weizen, Reis, Soja, Baumwolle, Zuckerrübe, Raps, Flachs, Sonnenblume, Kartoffel, Tabak, Tomate, Alfalfa, Ananas, Apfel und Traube".*[87]

Das Patent hat eine Gültigkeit von 15 Jahren und erstreckt sich auch auf alle nachfolgenden Generationen.

Erschreckend ist aber auch die Vorgangsweise des Agrarmultis: um von *Monsanto* transgenes, herbizidresistentes Soja-Saatgut zu kaufen, müssen US-Landwirte zuerst ein sogenanntes "Technology Agreement" unterschreiben, mit welchem sie sich u.a. dazu verpflichten, ausschließlich *Monsanto*-Herbizide anzuwenden und aus der Ernte kein eigenes Saatgut für das nächste Jahr zu gewinnen. Daraufhin engagierte *Monsanto* Privatdetektive, um zu kontrollieren, ob die Bauern tatsächlich ausschließlich bei *Monsanto* gekauftes Saatgut verwendeten. Landwirte, die beim Gebrauch von eigenem Saatgut erwischt wurden, mussten hohe Bußen bezahlen und ihre Felder zerstören, oder sie

---

[86] Vgl. dazu auch die Homepage von Percy Schmeiser: http://percyschmeiser.com
[87] Patentschrift No EP 546 090, claim 28, in: Koechlin, Florianne: Patente auf Lebewesen: Kontrolle über weltweite Ernährungsgrundlagen, in: Biologische Vielfalt: wer kontrolliert die genetischen Ressourcen?, S. 113

wurden angezeigt. Die jahrhundertealte und natürliche Praxis der Gewinnung von eigenem Saatgut aus der Ernte wird durch den Akt der Patentierung also zu einer kriminellen Tat gemacht. Das gentechnisch veränderte und patentierte Sojasaatgut ermöglicht *Monsanto* eine doppelte Kontrolle über die Landwirte: einerseits werden die Landwirte gezwungen, Saatgut **und** Herbizide von *Monsanto* zu kaufen, da das Saatgut gentechnisch auf die firmeneigene Agrochemie abgestimmt wurde und nur bei Anwendung der eigenen Chemikalien gute Erträge bringt, andererseits zwingt das Patent die Landwirte zum jährlichen Neukauf von Saatgut, da sie das Saatgut ja nur "geliehen" haben und es also nicht selber weiterverwenden dürfen, sondern das Saatgut jedes Jahr neu einkaufen und Lizenzgebühren dafür bezahlen müssen.[88]

Luca Colombo von Greenpeace behauptete auf einem Forum, das als Gegengipfel des FAO-Gipfeltreffens im Juni 2002 in Rom stattfand, dass auch in Europa die Gefahr einer Kontamination mit genveränderten Organismen bestehe, denn das hinterlistig eingeführte modifizierte Saatgut sei der Schlüssel, um vollendete Tatsachen zu schaffen und den Widerstand der öffentlichen Meinung zu überwinden, die wissen will, was sich auf dem Teller befindet.[89]

Es zeigt sich hier deutlich, dass die Life-Science-Konzerne mit allen Mitteln arbeiten, um ihre Gewinne und die Kontrolle der Märkte zu sichern - koste es, was es wolle.

Gerade durch die Patentierung wird der Trend zur Konzentration des Saatgutmarktes auf einige wenige Life-Science-Konzerne[90] weiter vorangetrieben. So wurden im Jahre 1998 weltweit knapp 28 Millionen Hektar transgener Pflanzen angebaut, vor allem Soja, Mais, Baumwolle, Raps und Kartoffeln.

In großem Maße besorgniserregend ist die Tatsache, dass der Markt mit gentechnisch manipulierten Pflanzen von einigen wenigen transnationalen Konzernen dominiert wird. Und der weltweite Saatgutmarkt hat bereits oligopole Strukturen erreicht, sodass einige wenige Konzerne die kommerziellen Saaten weltweit beherrschen und damit die Preise diktieren. Im Grunde liegt der Saatgutmarkt in den Händen der Multis *Monsanto*, *Pioneer* und *Novartis* - entstanden durch Zusammenschlüsse einzelner Unternehmen zu globalen

---

[88] Vgl.: http://www.blauen-institut.ch/Tx/tf/tfPatLeb.html
Koechlin, Florianne: Patente auf Lebewesen: Kontrolle über weltweite Ernährungsgrundlagen, in: Biologische Vielfalt: wer kontrolliert die genetischen Ressourcen?, S. 113-114

[89] Vgl.: L'Unitá, 10.06.2002

[90] *Life Industries* oder *Life-Science-Konzerne* sind Konzerne, die auf die Herstellung von Produkten biologischer Herkunft spezialisiert sind. In zunehmendem Maße setzen diese Konzerne Bio- und Gentechnologien ein und nutzen und vermarkten diese Produkte. Vor allem im Bereich der Ernährung (Nahrungsmittelverarbeitung), der Landwirtschaft (Saatgutproduktion, Pflanzenzucht, Agrochemikalien und -inputs) und der Medizin (Pharmazeutika, Diagnostika, Tiermedizin) spricht man von Life-Science-Konzernen.

Konzernen, die die traditionellen Grenzen des Pharma-, Biotechnologie-, Agrar-, Nahrungsmittel-, Chemie-, Kosmetik- und Energiesektors überschreiten:
- der Multi *Monsanto* kaufte weltweit Saatgut- und Biotechnologiefirmen aus dem Agrarsektor auf (*Cargill's*, die international im Saatzuchtbereich tätig war; *Dekalb*, die zweitgrößte Maisfirma in den USA; *Holden*, die 35 Prozent des Marktes für Maissaatgut kontrollierte; *Agracetus* und *Calgene*, die im Besitz weitreichender Patente für Baumwolle, Sojabohnen und Senf waren; die Sojabohnenfirma *Asgrow* sowie führende Saatgutgesellschaften in Indien und Brasilien). Der Kommentar Robert Farley's von *Monsanto* zu den "Einkäufen" des Multis lässt das angestrebte Ziel des Monopols im Nahrungsmittelbereich eindeutig erkennen:
"Was Sie hier sehen, ist nicht nur ein Zusammenschluss von Saatgutfirmen, es ist in Wirklichkeit eine Konsolidierung der gesamten Nahrungsmittelerzeugung."[91]
- *Aventis*, die größte Life-Science-Firma mit einem Jahresumsatz von 20 Milliarden Dollar ist durch den Zusammenschluss von *Hoechst* (Deutschland) und *Rhône-Poulenc* (Frankreich) entstanden.
- Die Firma *Novartis* ging aus dem Zusammenschluss der Firmen *Sandoz* und *Ciba Geigy* hervor. *Novartis* und die landwirtschaftlichen Geschäftsbereiche der bereits fusionierten Unternehmen *Astra* (Schweden) und *Zeneca* (Großbritannien) zu *Astra-Zeneca* haben vor kurzem zur Gesellschaft *Syngenta* fusioniert.
- Der weltweit größte Chemiekonzern, *Dupont*, hat mit dem Kauf von *Pioneer HiBreed* die weltweit größte Saatgutfirma an Land ziehen können.[92]

Einer alarmierenden Schätzung von *Sparks Companies* zufolge, beherrschte 1998 die Firma *Monsanto* 88 Prozent des weltweit größten Saatgutmarktes, jenen der USA; die Firma *AgrEvo* (gehört heute zu *Aventis*) kam auf acht Prozent und *Novartis* (durch die Verschmelzung von *Sandoz* und *Ciba-Geigy* entstanden) auf vier Prozent. Der US-Markt für transgene Sojabohnen und Baumwolle wurde 1998 ganz von *Monsanto* beherrscht und beim transgenen Mais teilten sich fünf Konzerne den Markt auf.[93]

---

[91] Farley, Robert, in: Shiva, Vandana: Biodiversität: Plädoyer für eine nachhaltige Entwicklung, S. 33
[92] Vgl.: Shiva, Vandana: Biodiversität: Plädoyer für eine nachhaltige Entwicklung, S. 33-34
[93] Vgl.: Koechlin Florianne, in: Patente auf Lebewesen: Kontrolle über weltweite Ernährungsgrundlagen, in: Biologische Vielfalt: wer kontrolliert die genetischen Ressourcen?, S.114.
http://www.blauen-institut.ch/Tx/tf/tfPatLeb.html

Der Direktor der Nichtregierungsorganisation ETCgroup[94] Pat R. Mooney hat die Situation auf dem weltweiten Saatgutmarkt folgendermaßen kommentiert:
"Das Portfolio der Gen-Giganten erstreckt sich aber weit über den Saatgutmarkt hinaus, von Pflanzen zu Tieren, zu menschlichem genetischen Material werden sie schnell zu den Monopol-Beherrschern über die ganze lebendige Vielfalt dieser Erde."[95]

Vandana Shiva bezeichnet die "Entwicklung" auf dem Saatgutmarkt als neue Form der Kolonialisierung. Diese Kolonialisierung verberge sich in scheinbar harmlosen Säcken mit Saatgut.
Der Ausweg, um Millionen von Landwirte von einer nicht sichtbaren, inoffiziellen Sklaverei zu befreien, liegt in der Souveränität der Ernährung! In Indien wurden seit 1997 20.000 Selbstmorde gezählt, die mit der Verschuldung der indischen Bauern durch Saatguteinkäufe in Verbindung gebracht werden. Vandana Shiva spricht von einer neuen Feudalordnung, die sich in den ländlichen Bereichen ihres Landes bemerkbar macht, dank - wie sie sagt - der Globalisierung.[96]
In der Tat birgt die Verbindung von Patenten und oligopolen Strukturen mit der langfristigen Tendenz zur Konzentration des globalen Marktes in den Händen einiger weniger, nicht nur auf dem Saatgutmarkt, große Gefahren für alles Leben.

---

[94] Die Nichtregierungsorganisation ETCgroup (ehemals Rural Advancement Foundation International RAFI), mit Sitz in Winnipeg/ Kanada engagiert sich seit den 70er Jahren gegen die Patentierung von Leben und tritt für die Bewahrung und grundlegende Verbesserung landwirtschaftlicher Biodiversität ein sowie für eine sozial verantwortliche Technologieentwicklung die auch und vor allem der ländlichen Bevölkerung zugute kommt. ETCgroup-Direktor ist Pat Mooney. Interessant auf der ETC-Homepage ist u.a. die jährlich aktualisierte Liste der Biopiraten und Bioprospekteure von Firmen und Zwischenhändlern sowie die Liste der 20 abscheulichsten Patente.
www.etcgroup.org (ehemals: http://www.rafi.org)
[95] RAFI-Communique, March/April 1999
[96] Vgl.: Shiva, Vandana: La mia lotta contro la biotecnologia, in: L'Unitá, 10.6.2002

II. 1. ANNÄHERUNG AN DAS ANDERE –

NEGIERUNG DER VIELFALT

Frauen, Bauern und indigene Völker sind deshalb im Besonderen Ziele der Politik multinationaler Unternehmen, da sie in Fragen der Ernährung noch zu einem großen Teil vom Weltmarkt unabhängig sind, bzw. gerade Frauen in Ernährungsfragen sehr kritisch sind, da sie in den meisten Fällen damit beauftragt werden, zu entscheiden, was auf den Tisch kommt. Gleichzeitig verfügen gerade Frauen, Bauern und Indigene über die begehrten neuen Quellen der Kapitalanhäufung (Saatgut, Biodiversität) bzw. über das Wissen, wie man die biologischen Ressourcen optimal und gleichzeitig nachhaltig nutzt. Bevor das Saatgut als Schöpfung der multinationalen Unternehmen gelten kann, muss den wahren Hüterinnen und Hütern die Kontrolle über dieses sich selbst erneuernde Produkt entzogen werden. Sobald der Samen in eine genetische Ressource verwandelt worden ist, kann dieser verändert, patentiert und besessen werden. Während der Boden entheiligt und Mutter Erde, "pacha mama"[97], ihre lebensspendenden Eigenschaften abgesprochen werden, werden die bisherigen HüterInnen diskriminiert, ihrer Ernährungssouveränität beraubt und auf die Rolle als Konsumenten der gentechnisch veränderten Samen und anderweitiger Produkte degradiert.
Ab dem Zeitpunkt der Patentierung können die ehemaligen HüterInnen des Saatgutes/ der Biodiversität zur Zahlung von Gebühren für die Verwendung des nunmehr gentechnisch veränderten Saatgutes gezwungen werden.
Den indigenen Gemeinschaften Mexikos ist, ebenso wie den meisten Gesellschaften der sogenannten Dritten Welt, die im westlichen Denken verhaftete Institution des Privateigentums an Boden fremd. Sie betrachten die Erde als heiligen Raum der Leben spendet und sehen sich selbst als Teil der Erde, der sie Gutes tun, um sich selbst Gutes zu tun. Ein ehrfürchtiger und sparsamer Umgang mit den Ressourcen ist ebenso selbstverständlich wie die Überzeugung, dass kein Mensch die Gaben der Natur für sich selbst beanspruchen dürfe. Die Ressourcen müssen allen Mitgliedern der Gemeinschaft zur Verfügung stehen, niemand darf Reichtum - weder materiellen noch geistigen (Wissen, Weisheit) - für sich behalten. Jemand kann

---

[97] Die Wörter "Pacha" und "Pacha mama" stammen aus der Quechua-Sprache. Pacha bedeutet soviel wie Erde und darüber hinaus Raum, Zeit, Geschichte, Welt. Pacha, die lebende Erde, beinhaltet das sich gegenseitig ergänzende Prinzip der Einheit von Mann-Frau. Die Vorstellung von Pacha ist ebenso wie jene von Pacha Mama und das alltägliche Leben, die Auffassung vom Tod und der Glauben vom zyklischen Zeitverständnis der indigenen Bevölkerung bestimmt. Pacha Mama ist die Bezeichnung für Mutter Erde. Pacha Mama bezeichnet den weiblichen Aspekt des Seins: hervorbringen, gebären, wachsen und vergehen.

auch zur Gemeinschaft gehören, wenn er Hunderte von Kilometern weit entfernt wohnt, so lange er seinen Verpflichtungen der Gemeinschaft gegenüber nachkommt. Das Zeitverständnis der indigenen Kosmovision ist im Gegensatz zum westlichen ein zyklisches: alle Materie erscheint und vergeht, um nach einer gewissen Zeit wieder zu erscheinen. Den meisten indigenen Gemeinschaften ist die Vorstellung gemeinsam, dass alle Güter der Welt nur in begrenzter Menge vorhanden sind. Die Ausbeutung des Bodens und seiner Schätze, ohne gleichzeitige Gegenleistung für den Boden, ist ihnen fremd. Gemäß dem wichtigsten Prinzip jeder Beziehung, des Gleichgewichts zwischen Geben und Nehmen, muss auch der Natur das zurückgegeben werden, was den Menschen durch sie zuteil wurde. Ausdruck dieses Zurückgebens sind die Opfer- und Verehrungsriten bei den verschiedenen Festen. Durch die Auffassung, dass jede Gabe (materiell oder nicht-materiell) dem Geber zurückerstattet werden muss, wird wiederum das Gemeinschaftsgefühl gestärkt. Das Gefühl der Verantwortlichkeit für alle Mitglieder der Gemeinschaft ist groß und durch das Teilen der lebensnotwendigen Güter und die gegenseitige Hilfe wird auch den Witwen, Alten, Kranken und Schwachen ein Überleben in der Gemeinschaft gesichert. Indigene Gemeinschaften wissen, dass alles das, was sie der Mutter Erde zufügen, sich selbst zufügen:

"... die Erde gehört nicht den Menschen, der Mensch gehört zur Erde, das wissen wir. Alles ist miteinander verbunden, wie das Blut, das eine Familie vereint. Alles ist verbunden. Was der Erde angetan wird, wird auch den Söhnen der Erde angetan. Der Mensch schuf nicht das Gewebe des Lebens, er ist darin nur eine Faser. Was immer Ihr dem Gewebe antut, das tut Ihr Euch selber an."[98]

Die westliche Kultur der Oberschicht in Mexiko und in ganz Lateinamerika und die Nicht-Bereitschaft, die andere Kosmovision als der eigenen gleichgestellt anzuerkennen, gesteht der indigenen Kultur der Kleinbauern, der Landarbeiter und der Straßenhändler aber keine Existenz als überlebensfähige, eigenständige Kultur zu. Die Negierung der indigenen Völker als autonome Gemeinschaften, die über ihr Sein und Werden selbst entscheiden können, fügt sich in Mexiko in eine jahrhundertealte Geschichte der Unterdrückung und Kolonisation ein. Heute wird den Indígenas ebenso wenig wie vor 200 Jahren zugestanden, über ihre Belange selbst entscheiden zu können. Boden, Pflanzen und das über Generationen weitergereichte Wissen werden geraubt und zu Geschäft gemacht. Pervers daran ist, dass eines Tages die Völker dazu gezwungen werden können, für die Verwendung einer Heilpflanze, die aus

---

[98] Chief Seattle: Letter to the President of the USA, wiedergegeben in: If All the Beasts Were Gone, Royal College of Art, London 1977.

ihrem Gebiet stammt, an ein ausländisches Unternehmen Patentgebühren zahlen zu müssen. Die Kolonisatoren kennen also auch heute noch keine Grenzen, ebenso wenig wie vor 500 Jahren.
Damals, wie heute, ist die Entheiligung des Bodens als heiliger Raum ein wesentlicher Bestandteil des Kolonialismus - des Kolonialismus des Weißen Mannes und des Kolonialismus der multinationalen Konzerne. Anhand der Geschichte der indigenen Völker und der heutigen Entwicklung in Mexiko soll dargestellt werden, wie immer neue Quellen der Macht und Kontrolle geschaffen werden, möglich gemacht durch die Institutionen Gentechnik, Patentrecht und Neoliberalismus (Freihandelsverträge).

II. 1.1 Indianer, Indio oder Indígena?

Der Begriff Indígena stammt vom Lateinischen *indigenus* was soviel wie eingesessen, einheimisch bedeutet. Der Ausdruck Indígena wird für die bereits vor der Kolonialisierung Amerikas ansässige Bevölkerungsschicht angewandt. Diese zeichnet sich zu einem großen Teil dadurch aus, dass Spanisch nicht ihre Muttersprache ist, sondern regionale Sprachen gesprochen werden, und noch alte Kulturen und Weltanschauungen vorherrschen, die aus der Zeit vor der Kolonialisierung stammen. Als indigene Völker werden also ethnische Gruppen mit gemeinsamer Sprache, Geschichte und Kultur, einer engen spirituellen, mythisch begründeten Verbindung zu ihrem Land und einem daraus definierten Gebiet als Lebensraum bezeichnet. Durch diese Verbindung erwirbt sich die indigene Gruppe das Recht, dieses Territorium mit seinen natürlichen Ressourcen auf ebenfalls festgelegte traditionelle Weisen zu nutzen.
Die Termini „Indianer" und „Indios" sind falsche Bezeichnungen für die Völker des amerikanischen Kontinents, die auf einen geografischen Irrtum Kolumbus' zurückgehen. Heute gilt „Indio" und „Indianer" als diskriminierend. Deshalb verwenden einige Gruppen und Wissenschaftler den Begriff "Indígena"[99] bewusst in Abgrenzung gegen das als abwertend empfundene oder gebrauchte Wort Indio. An und für sich ist der Begriff Indio, auch heute noch, nicht diskriminierend, Konquistadoren und Missionare aber hatten die "Besiegten" unter dem Sammelbegriff "Indios" zur homogenen Masse vereinheitlicht und degradiert. So ist der Begriff "Indio" inzwischen meist verpönt und wird in großen Teilen Lateinamerikas als Schimpfwort

---

[99] Der Ausdruck „Indígena" in dieser Arbeit soll nicht als Bezeichnung für die biologische Abstammung verstanden werden sondern vielmehr als soziokulturelle Benennung für eine Bevölkerungsschicht, die sich in einem gemeinsam erlebtem Unterdrückungsverhältnis befindet.

angesehen, in der Literatur wird aber noch häufig das Wort „Indio" verwendet; der Begriff "Indianer" hat einen folkloristischen Beigeschmack.[100] Laut Volkszählung von 1990 zählen etwa 6,5 % der Einwohner Mexikos, zusammen etwa 5,3 Millionen Menschen, zu einer der 56 offiziell anerkannten indigenen Sprachgruppen.
In der Wirklichkeit sind die Dinge allerdings nicht so einfach, wie sie die Statistik darstellt. Deshalb wäre es völlig falsch, von einem statischen Modell von Ethnizität auszugehen.
Zunächst einmal muss man sich mit dem Problem der Begriffsbestimmung auseinandersetzen. Die von der Statistik gestellten Zahlen stellen allenfalls grobe Annäherungen an die Realität dar, da diese vom Kriterium der Sprache ausgeht, das sich bei näherer Betrachtung als völlig unzureichend erweist. Zum ersten verschweigen viele Menschen aufgrund des Stigmas, das auf den indigenen Völkern Mexikos liegt, bei den Volkszählungen, dass sie neben dem Spanischen auch eine indigene Sprache beherrschen. Zum zweiten gibt es in Mexiko Indigene, die zwar ihre Muttersprache aufgegeben haben und nur noch Spanisch sprechen, sich ihre ethnische Identität jedoch bewahrt haben. Diese Menschen werden in der Statistik nicht als Indígenas geführt, obwohl das Kriterium der Sprache nur eines von vielen ist, und sich Indígenas in erster Linie dadurch definieren, dass sie sich einer organisierten Gemeinschaft (Gruppe, Gesellschaft, Dorf) mit eigenem kulturellen Erbe zugehörig fühlen.
Auf der anderen Seite gibt es Gruppen von Menschen, die eine indigene Sprache sprechen und diese bei den Volkszählungen auch angeben, sich selber aber nicht als Indigene fühlen. Außerdem schließt die bilinguale Gruppe auch Mestizen ein, die neben dem Spanischen als zweite Sprache eine indigene Sprache sprechen. Diese Tatsachen machen deutlich, dass die Sprachgrenzen keineswegs deckungsgleich mit den ethnischen Grenzen zwischen Indigenen und Mestizen sind.[101]
In das Problem der Begriffsbestimmung fallen auch die häufig nicht deckungsgleichen Selbst- und Fremdbezeichnungen. Viele Menschen, die von der mestizischen Bevölkerung, vom mexikanischen Staat, von Wissenschaftlern oder ausländischen Entwicklungshelfern aufgrund ihrer Sprache und Kultur als Indígenas oder Indios angesehen werden, lehnen diese Fremdbezeichnung für sich ab, da sie negativ konnotiert ist und mit Armut, Rückständigkeit und Passivität verbunden werden. Auch die offiziellen "Stammesnamen" werden oft zurückgewiesen, da sie oft Verballhornungen von Bezeichnungen, die die Spanier bei benachbarten Bevölkerungsgruppen gehört hatten, sind. Oft definieren sich Menschen, die von außen als z.B. Zapoteken betrachtet werden, je nach Situation als Angehörige einer Verwandtschaftsgruppe, Mitglied eines

---

[100] Die Autorin verwendet den Ausdruck „Indígenas"
[101] Vgl.: Schriek, Ellen/Schmuhl Hans-Walter (Hrsg.): Das andere Mexiko. XXX, S. 7

Stadtviertels, Einwohner einer Gemeinde, Angehörige einer Sprachgruppe, Bewohner einer Region oder auch als Campesinos. Andererseits wird die Fremdbezeichnung als Indios oder Indígenas aber auch übernommen, um eine gemeinsame Identität zu kreieren, die als Basis für politisches Handeln der als Indigene diskriminierten Menschen dienen soll.[102]

Der mexikanische Anthropologe Guillermo Bonfil Batalla bezeichnet die von der mexikanischen Regierung veröffentlichten Statistiken als statistischen Ethnozid und schätzte in seinem erstmals 1987 veröffentlichten Werk "México profundo" die Anzahl der indigenen Bevölkerung auf 8 bis 10 Millionen, was damals einem Anteil von 10 bis 12,5 Prozent der mexikanischen Bevölkerung entsprach. Welcher Stellenwert der indigenen Bevölkerung aber tatsächlich eingeräumt und welcher Wert darauf gelegt wird, eine realistische Zahl über die indigene Bevölkerung zu liefern, wird durch das Fehlen jeglicher juristischen Definition verdeutlicht.[103]

Heute werden die Indígenas (beispielsweise in der Verfassungsänderung vom April 2001) als Subjekte öffentlichen Interesses gehandelt, um das sich ein paternalistischer Staat kümmern soll.

Ebensowenig wie die mexikanischen Juristen, legt die neoliberal-patriarchale Weltanschauung Wert darauf, festzulegen, was eine Person zu einem Indígena macht oder nicht. Die Tatsache, dass jemand eine andere Sprache spricht (indigene Sprache vs. spanisch), eine andere Weltanschauung hat als die westliche (kosmische, ganzheitliche Vision in der Mensch als Teil der Natur und deshalb von ihr abhängig gilt vs. fragmentierter Auffassung des Menschen als Bezwinger der und Herrscher über Natur), nach einem grundsätzlich anderen Wirtschaftssystem (Subsistenz ohne Privateigentum vs. Kapitalakkumulation mit Privateigentum) lebt, bedeutet nicht per se, dass es sich um einen Indígena handelt. Vielmehr geht es darum, ob diese Person sich einer organisierten Gruppe mit eigenem kulturellem Erbe, das sich im Laufe der Kolonialisierung gewandelt hat, zugehörig fühlt oder nicht. Dennoch wurde von den Kolonialherren, die seit fünfhundert Jahren Amerika kolonialisieren, Anderssein zur Definition und zur Rechtfertigung für minderwertige Behandlung gemacht. Indígenas, Frauen, Bauern, Arbeiter werden diskriminiert weil sie nicht Weiße Männer sind, eben anders.

II. 1.2 Das Andere

Heute gelten indigene Gemeinschaften meist als Rest einer untergehenden Welt, anachronistische Randerscheinungen der modernen und zukunftsträchtigen Welt; indigene Kulturen gelten häufig eigentlich nicht als

---
[102] Vgl.: Ebda.
[103] Vgl.: Batalla, Guillermo Bonfil: México profundo, S. 49

Kultur, bestenfalls als Folklore.[104] Heutzutage gelten zwar Themen, die indigene Problematik beinhalten als sehr modern und ein Großteil der Menschen verfolgt jene Problematik mit einer Mischung aus Neugierde, Mitleid, Ablehnung und unreflektierter Bewunderung. Sehr selten allerdings entspricht das Bild, das von indigenen Gemeinschaften vermittelt wird, der Realität.

Im Laufe der Zeit hat der Umgang der Europäer bzw. des patriarchal denkenden Weißen Mannes dem "Fremden" gegenüber einen historischen Wandel vollzogen - vom romantisierenden Bild des nackten Eingeborenen zum Bild des Barbaren hin zum edlen Wilden und Ökoheiligen.

In der Tat wurden durch die freie Ausbeutung und Unterwerfung anderer Völker und die Projizierung eurozentristischer Vorstellungen und Wünsche auf das Unbekannte die Kolonisierten und "Naturierten" zu Anderen, zu "Objekten" gemacht.[105]

Der Zerstörung durch die Kolonisatoren folgte der Versuch einiger Philosophen und Ethnologen, Kulturen zu verherrlichen und konservieren, wobei es sich wieder um die Projizierung eurozentristischer Vorstellungen und Wünsche auf das Unbekannte handelt.

Zu Beginn und während der Unterdrückung durch die Kolonisatoren war das Bild des "barbarischen Wilden" für Kolonisatoren und Missionare die gefundene Legitimation für ihr grausames Vorgehen. Die Vorstellung vom "edlen Wilden" fungierte dann als Art Wiedergutmachung; allerdings handelt es sich dabei um eine zerstörerische Art des Umgangs mit dem schlechten Gewissen - das Fremde soll greifbar werden, da gerade seine Andersartigkeit anziehend ist. Da es aber unverständlich bleibt, soll es zerstört oder einverleibt werden, soll ihm die eigene Existenzberechtigung abgesprochen werden.

II. 1.2.1 Das Andere oder: die Kolonien des Weißen Mannes

Das westliche Fortschrittsmodell ist auf Kolonialisierung aufgebaut. Ohne Kolonien hätte es nie existiert und würde es gar nicht funktionieren: der Reichtum des Nordens basiert auf der Ausbeutung und Kolonisierung des Südens, der eigenen Natur und von Frauen. Zum Aufbau und zur Aufrechterhaltung des kolonialen Systems wird Gewalt eingesetzt, die sich in Herrschaft, Ausbeutung und Unterdrückung zeigen kann, aber auch in der Degradierung eines Subjekts zum Objekt, in der Nicht-Anerkennung fremder Traditionen, Religionen, Weltanschauungen und Wertvorstellungen und der

---

[104] Vgl.: Krotz, Esteban: Folklore, Assimilierung, Zivilisationskritik. Zu Lage und Aussichten der lateinamerikanischen Indiobevölkerung. S. 19f in: Zeitschrift für Lateinamerika. 500 Jahre nach der Erfindung Amerikas. Nr. 44/45. Wien, 1993. S. 19-33

[105] Vgl.: Mies, Maria, Shiva, Vandana: Einleitung: Warum wir dieses Buch zusammen geschrieben haben, in: Ökofeminismus, S.15

Aufzwängung der eigenen Vorstellungen in allen Bereichen zum Zwecke der Macht über diese fremden Objekte:

"Allerdings wurde unsere Kritik an der Emanzipationslogik der Aufklärung nicht nur angespornt durch die Einsicht in deren Auswirkungen auf Frauen, sondern auch durch unsere Betroffenheit für die Opfer, die seit dem Marsch des Weißen Mannes ins ‚Reich der Freiheit' für diese Freiheit gezahlt haben, indem ihnen ihre eigene Subjektivität, ihre Freiheit und häufig ihre Überlebensgrundlage geraubt wurden. Außer Frauen schließt dies die Natur und andere Völker mit ein - die Kolonisierten und ‚Naturierten'-, die für die freie Ausbeutung und Unterwerfung ‚erschlossen', zu ‚Anderen', zu ‚Objekten' gemacht wurden in diesem Emanzipationsprozess des europäischen Subjekts vom ‚Reich der Notwendigkeit'." [106]

Das Andere wird, ausgehend vom europäischen Subjekt, nie als Subjekt, das mit dem sie wahrnehmenden ICH vergleichbar wäre, anerkannt. Bereits während, aber noch lange nach der "Entdeckung" Amerikas wurde und wird das Unbekannte mit Hilfe des Bekannten erfasst. Gleichzeitig enthalten diese Vergleiche, die immer vom europäischen Mann als Maß aller Dinge ausgehen, auch eine systematische und aufschlussreiche Zuweisung von Werten. Früher sagten die Spanier bestenfalls noch Gutes *über* die Indianer, sprachen jedoch nur in Ausnahmefällen *mit* ihnen. Ich kann dem anderen aber nur dann die Qualität eines Subjektes, das mir selbst als Subjekt vergleichbar ist, zusprechen, wenn ich mit dem anderen einen Dialog aufnehme. Heute wird die Qualität des Kunsthandwerks aus Afrika oder Asien bewundert, ohne deshalb auf den Gedanken zu kommen, das Leben der Kunsthandwerker, die diese Objekte herstellen, zu teilen. Es sind zwar Subjekte, aber Subjekte, die auf ihre Rolle als Kunsthandwerker reduziert sind, und die Art der Bewunderung für die erbrachten Leistungen (→ Objekte) hebt die Distanz eher noch hervor als auf.[107]

Ebenso wie die Leistungen der Hausfrauen, die im besten Fall noch bewundert oder dankbar angenommen, im meisten Fall aber belächelt und auf die Formel *keine Lohnarbeit bzw. nicht marktorientierte Arbeit = keine Arbeit* reduziert werden, wobei sich der Weiße Mann aber nie vorstellen könnte, die Arbeit der Frauen zu verrichten.

Früher und heute erkennt der Weiße Mann die Urheber der Objekte (oder der Arbeit) nicht als menschliche Einzelwesen an, die mit ihm auf eine Stufe zu stellen wären. Wenn aber das Verstehen des Anderen nicht mit einer uneingeschränkten Anerkennung des Anderen als Subjekt einhergeht, besteht

---

[106] Mies, Maria, Shiva, Vandana: Einleitung. Warum wir dieses Buch zusammen geschrieben haben, in: Ökofeminismus, S. 15
[107] Vgl.: Todorov, Tzvetan: Die Eroberung Amerikas, S. 155ff.

die Gefahr, dass dieses Verständnis zum Zwecke der Ausbeutung, des Nehmens genutzt wird: das Wissen wird dann der Macht untergeordnet.[108]
Es ist eine Tatsache, dass zwischen Krieg, Patriarchat, technischer Naturbeherrschung und Gewalt gegen Frauen, zwischen Naturzerstörung, Frauenausbeutung und der Ausbeutung fremder Völker ein Zusammenhang besteht:

„Natur, Frauen und die fremden Völker sind die Kolonien des Weissen Mannes. Ohne deren Unterwerfung, ohne die Kolonisierung zum Zwecke der räuberischen Aneignung gäbe es die berühmte westliche Zivilisation nicht. Es gäbe nicht: ihr Fortschrittsmodell, es gäbe vor allem auch nicht: ihre Naturwissenschaft und ihre Technik." [109]

Dieses koloniale Verhältnis das also zwischen den Industriegesellschaften und den hinunterentwickelten Ländern und Regionen[110], zwischen Männern und Frauen, zwischen Stadt und Land, zwischen Mensch und Natur besteht, ist ein koloniales. Um den Aufbau und die Aufrechterhaltung dieser kolonialen Verhältnisse sicherzustellen, braucht es Gewalt. Den Kolonien ist gemeinsam, dass sie in einem Gewaltverhältnis zu den jeweiligen Zentren stehen. Und eben dieses Gewaltverhältnis ist das *"Geheimnis des grenzenlosen Wachstums der Zentren"*:

"Wenn es solche gewaltsam unterworfenen Kolonien nicht gäbe, dann gäbe es auch den Aufstieg der modernen Industriestaaten nicht, genausowenig wie es den unaufhaltsamen Fortschritt von Wissenschaft und Technik gäbe. Dann müssten alle finanziellen, ökologischen, psychischen, politischen und sozialen Kosten innerhalb eines gegebenen Gebietes getragen werden. Damit würden wir aber sofort an die Grenzen des Wachstums stossen."[111]

Bereits Rosa Luxemburg hatte aufgezeigt, dass der Kolonialismus eine konstante und notwendige Bedingung für kapitalistisches Wachstum sei. Die frühe industrielle Entwicklung in Westeuropa erforderte geradezu die dauernde Besetzung der Kolonien durch die Kolonialmächte und die Zerstörung der lokalen "natürlichen Wirtschaft".[112]

---

[108] Vgl.: Ebda.
[109] Mies, Maria: Feministische Forschung. Wissenschaft-Gewalt-Ethik, in: Ökofeminismus, S. 66
[110] Die Armut der sogenannten Unterentwickelten (Vgl. dazu auch Esteva, Gustavo: Fiesta) ist nicht naturgegeben sondern die direkte Folge der Überentwicklung in den Industrieländern. Diese Abhängigkeit der heute armen Länder in Asien, Afrika und Südamerika wird durch die Industrieländer aufrechterhalten.
[111] Mies, Maria, Shiva, Vandana: Ökofeminismus, S. 86
[112] Vgl.: Shiva, Vandana: Die Verarmung der Umwelt: Frauen und Kinder zuletzt, in: Ökofeminismus, S.102

Der Hintergrund der Aufrechterhaltung bzw. der Förderung dieses kolonialen Verhältnisses und vor allem der Abhängigkeit liegt in der kapitalistisch-patriarchalen Weltanschauung.
Die Kolonien haben sich im Laufe der Zeit ausgedehnt und verändert: waren es früher vor allem Völker und Länder, die dem westlichen Modell untergeordnet wurden, so sind es heute vermehrt die bisher noch nicht dem Privateigentum unterstellten biologischen und menschlichen Ressourcen weltweit. Durchgeführt wird diese neue Art der Kolonialisierung mit den Instrumenten Gentechnik, Patentrecht und geistige Eigentumsrechte. Die Mittel haben sich gewandelt, der Zweck nicht: Besitzergreifung, Macht, Kontrolle - Beherrschung eben.
Ausgehend vom Weißen Mann als Maßstab aller Dinge, verdrängt und löscht die patriarchale Weltanschauung aus, was anders ist. Differenz und Diversität werden zu einem Problem reduziert und angeeignet, weshalb es zur Marginalisierung von Indigenen, Armen und Frauen und zur Zerstörung der Biodiversität kommt. Weil Vielfalt der Hierarchie weichen muss, werden "Wilde" und Frauen als "ungleich" und minderwertig behandelt und die Vielfalt der Natur wird auf ihren rein kommerziellen Wert reduziert. Quellen der Lebenserneuerung (Samen und Mutterschoß) werden wertlos gemacht, zerstückelt und kolonisiert. Der Eingriff in den inneren Raum wird zu einem neuen Ort der Kapitalanhäufung und zu einer neuen Quelle der Macht und Kontrolle.[113]

II. 1.3 Negierung der Vielfalt – oder: Die Projizierung eurozentristischer Vorstellungen auf das Andere

Zur Schaffung von Kolonien scheint also eine Negierung der Vielfalt von besonderer Bedeutung. Dahinter steckt die Tatsache, dass sich Vielfalt nicht beherrschen lässt. Die Zerstörung der Vielfalt und die Schaffung von Monokulturen ist die Voraussetzung zur Kontrollierbarkeit und Be*herr*schung! Der Umgang mit dem Anderen ist entweder gekennzeichnet durch die Anerkennung des Anderen bei gleichzeitiger Weigerung anzuerkennen, er/sie/es sei anders, oder aber durch die Anerkennung der Andersartigkeit bei gleichzeitiger Auffassung der Inferiorität des anderen. Die Geschichte der Indígenas ist mit jener der Frauen und der Natur zu vergleichen, in deren Verlauf sich ein historischer Wandel vollzogen hat. Die anfängliche Bewunderung muss bald der Projizierung patriarchaler/eurozentristischer Vorstellungen und Wünsche auf das Unbekannte und der Umbenennung zu Anderen, zu Objekten weichen. Der Zerstörung durch die Beherrschung folgt der Versuch, das Andere zu verherrlichen und erhalten, was wieder einer

---
[113] Vgl.: Shiva, Vandana: Das indigene Wissen der Frauen und die Erhaltung der Biodiversität, in: Ökofeminismus, S. 49 und S. 229

Projizierung eurozentristischer Vorstellungen und Wünsche auf das Unbekannte gleichkommt. Zu Beginn und während der Hexenverfolgung war das Bild der wilden, zähmungsbedürftigen Frau eine ebenso gefundene Legitimation für das grausame Vorgehen der Inquisition, wie das Bild des "barbarischen Wilden" für die zerstörerische Vorgehensweise von Kolonisatoren und Missionaren. Die Vorstellung vom "edlen Wilden" oder der fleißigen Hausfrau dient als Art Wiedergutmachung, wobei das Fremde aber wiederum greifbar, zerstört und einverleibt und für die eigenen Zwecke missbraucht werden soll. Bestenfalls wird noch in einem romantisierenden Ton von Indígenas, Frauen und Natur gesprochen.

Am Beispiel der Indígenas soll auf die historische Wandlung des Umgangs der Europäer mit dem Fremden, dem Anderen, eingegangen werden.
Im Jahr 1492 überquert Christopherus Kolumbus[114], mit der finanziellen Unterstützung der spanischen Könige, den atlantischen Ozean auf der Suche nach dem kürzesten Seeweg nach China und "entdeckt" dabei am 12. Oktober 1492 die von den Indianern Guanahaní genannte Insel und tauft sie auf den Namen *San Salvador*. Dieses Umbenennen kommt deutlich einer Besitznahme gleich, denn die Wörter der Anderen interessieren Kolumbus wenig, und er benennt die von ihm "entdeckten" Orte gemäß der Funktion der angeblich göttlichen Ordnung (Gott - Jungfrau Maria - der spanische König - die Königin- die Thronfolgerin: die erste Insel, auf die der Seefahrer trifft benennt er *San Salvador*, die zweite *Santa María de la Concepción*, es folgen *Fernandina*, *Isabella* und *Juana*). Kolumbus reagiert auf die Einwohner der Inseln mit der Anerkennung der Andersartigkeit ihrer Sprache, weigert sich jedoch zuzugeben, dass es sich überhaupt um eine Sprache handelt. Später gesteht er zwar zu, dass sie eine Sprache haben, kann sich jedoch nicht mit dem Gedanken anfreunden, dass diese Sprache eine andere ist, und er will in den Äußerungen der Indianer ständig vertraute Wörter hören. Von den Menschen spricht Kolumbus in seinen ständigen Berichten nach Spanien nur, weil die Indianer letztendlich auch zur Landschaft gehören. Die Menschen werden im Gefolge der für die Beschreibung der Natur notwendigen Vergleiche eingebracht.[115]
Das erste Merkmal, das Kolumbus ins Auge fällt, ist die Nacktheit der Eingeborenen. Die physische Nacktheit lässt ihn zum Schluss kommen, dass sie auch jedweder kulturellen Eigenart entbehren. Kolumbus verkennt die

---

[114] Tzvetan Todorov verwendet in seinem Werk "Die Eroberung Amerikas. Das Problem des Anderen" ausnahmslos die spanische Bezeichnung *Cristóbal Colón*. Tatsächlich war es in Kolumbus' persönlichem Interesse, die spanische Schreibweise zu verwenden. (Vgl. Todorov, S. 36-37). Die Autorin verwendet hingegen die im Deutschen übliche Bezeichnung und Schreibweise *Christopherus Kolumbus*.
[115] Vgl.: Todorov, S. 47

Kultur der Indianer, indem er sie mit Natur gleichsetzt. Seine Haltung der anderen Kultur gegenüber (die ja in seinen Augen aufgrund des von ihm festgestellten Fehlens von Bräuchen, Riten, Sprache, Gesetz und Religion gar keine Kultur ist), ist die eines *Kuriositätensammlers*[116] ohne jeglichen Versuch, die Indianer zu verstehen. Eine detaillierte, vertrauenswürdige Darstellung der Bevölkerung ist deshalb bei Kolumbus nicht zu finden: das Bild, das er anfangs von ihnen vermittelt, zeugt von Bewunderung, jedoch ohne die Indianer wirklich zu kennen und/ oder kennen zu wollen, weicht mit der Zeit jedoch den Beschreibungen grenzenloser Grausamkeit der feindlich gesinnten Wilden. Kolumbus verwendet bei der Charakterisierung der Indianer nur Adjektive vom Typus gut/ böse, die im Grunde wenig aussagekräftig sind. In seiner Verkennung der Indianer und gleichzeitigen Weigerung, sie als Subjekt, das dieselben Rechte, wie man selbst besitzt, und dennoch anders ist, wird der Andere zugleich entdeckt und abgelehnt. In diesem Sinne ist die Entdeckung Amerikas als erste Phase der Eroberung zu verstehen. Der Wunsch, die Indianer zur Übernahme der spanischen Sitten zu bringen, versteht sich von selbst - die Assimilationsabsicht ist bei Kolumbus immer mit dem Wunsch verbunden, die Indianer zu christianisieren.[117]

Hernando Cortés geht mit seiner Expedition 1519 in Vera Cruz an Land; es ist die dritte Expedition, die an die mexikanische Küste gelangt. Der Mann, der in rund zwei Jahren den Aztekenstaat erobern sollte, weiß von der Notwendigkeit, die anderen zu verstehen, und dieses Verständnis für seine Zwecke zu gebrauchen. Die Eroberung des Wissens wird ihn seines Erachtens zur Eroberung der Macht führen: er versteht die Sprache und lernt die politischen Verhältnisse kennen und diese Fähigkeit, den anderen zu verstehen, liefert ihm einen Beweis seiner eigenen Superiorität. In einem weiteren Schritt festigt er wieder seine eigene Identität (die er nie aufgegeben hat) und widmet sich der Assimilation der Indianer an seine eigene Welt. Auch Cortés ist in der Theorie, ähnlich wie Kolumbus, für die Konquista mit dem Ziel der Verbreitung der christlichen Religion; in der Praxis aber wurde der Zweck zum Mittel, da der religiöse Diskurs zu dem Mittel wurde, das den Erfolg der Konquista sicherte. Obwohl Cortés, viel mehr als Kolumbus, die aztekische Welt verstand, hinderte ihn und die Konquistadoren dieses bessere Verständnis nicht an der Zerstörung der mexikanischen Kultur und Gesellschaft.[118]

Waren bei Kolumbus Indianer noch auf den Status eines Objekts reduziert, sieht Cortés die Indianer zwar als Subjekte an, aber nicht als Subjekte, die mit dem sie wahrnehmenden Ich vergleichbar wären[119]. Das alleinige Interesse für den anderen reicht nicht aus, um ihn auch kennenzulernen.

---

[116] Vgl.: Ebda., S. 48
[117] Vgl.: Ebda., S. 11-68
[118] Vgl.: Ebda., S. 121-160
[119] Vgl. *II. 1.2.1 Das Andere: oder die Kolonien des Weißen Mannes*

Mittlerweile wissen wir, dass sich seit der "Entdeckung" Amerikas, deren Jahreszahl bezeichnenderweise als Beginn der Neuzeit gilt, die Versuche, den anderen zu assimilieren und die äußere Alterität zu beseitigen, oft wiederholten. Der Wunsch Kolumbus', die Kolonisierten möchten unsere Sitten übernehmen und sich bekleiden, ging in Erfüllung: mittlerweile haben sich westliche Lebensweise und Wertvorstellungen auf der ganzen Welt ausgebreitet. Paradoxerweise ist dieser Erfolg Todorov zufolge auf die Fähigkeit der Europäer, die anderen zu verstehen, zurückzuführen.[120]

Wie aber war die Situation zur Zeit der Entdeckung und Eroberung Amerikas (Lateinamerikas) in Europa? Und wie waren die Reaktionen auf die Berichte der ersten Amerika-Reisenden? Die alleinige Schuld am Völkermord auf die Konquistadoren und Missionare, die in Lateinamerika "wirkten", zu schieben, kann nicht eine ausreichende Erklärung für Millionen von Tote und zerstörte, später assimilierte Kulturen liefern.
Jean Delumeau zeigt in seinem Buch "Angst im Abendland"[121] auf, wie die dekadente Gesellschaft im Europa des 14. bis 18. Jahrhunderts mit kollektiven Ängsten wie Naturgewalten und Krankheiten, vor der Tatsache der Grenzen des menschlichen Wirkens und die Mächtigen mit der Angst um Verlust ihrer Einflussgebiete zu kämpfen hatten. Die Kirche hatte mit den großen "Bedrohungen" des Heiden- und Ketzertums zu kämpfen. Die Menschen litten also unter kollektiven Ängsten vor dem Ungewissen, dem Fremden. Während die Kirche im Namen Gottes mit grausamer Verfolgung und willkürlichen Hinrichtungen (Hexenverfolgung[122] und Inquisition) auf die "Bedrohungen" antwortete, wurde in der "Neuen Welt" im Namen Gottes missioniert[123], getötet, vergewaltigt, vertrieben und zerstört. Noch bevor den Indígenas überhaupt eine Seele zuerkannt wurde, wurden Hunderte sogenannte "verlorene Seelen" oder "vom Teufel Besessene" vor das Inquisitionsgericht gestellt. Für die Konquistadoren und Missionare waren die Indígenas barbarische oder animalische Wilde. Erst im Jahr 1537 wurde den Indígenas

---

[120] Vgl.: Todorov, S. 289 ff.
[121] Vgl.: Delumeau, Jean: Angst im Abendland. Die Geschichte kollektiver Ängste im Europa des 14. bis 18. Jahrhunderts. Rowohlt Taschenbuch Verlag, Reinbek bei Hamburg, 1989
[122] Claudia von Werlhof verweist in "MutterLos" auf die Ausführungen Jean Delumeaus (Vgl. Fußnote 121) über die Zeiten der Hexenverfolgung. Indem Frauen als "Antinorm" gesehen würden, rechtfertige dies "...alles, was den Frauen und ihrer/der "Natur", der "wilden" wie der konstruierten, angetan wird".
Siehe Werlhof, Claudia von: "MutterLos - Frauen im Patriarchat zwischen Angleichung und Dissidenz", Frauenoffensive, München, 1996, S.35.
[123] Missionare, Händler und Siedler waren die Hauptbeteiligten der "sanften" Konquista, die im großen Ausmaß langfristig die Lebensweise der Indígenas völlig veränderte.

mit dem Erlass der Bulle *Sublimis Deus* durch Papst Paul III zuerkannt *"dass Indios vernunftbegabte menschliche Wesen mit einer Seele sind"*.[124]
Die Bulle änderte zwar nichts an der europäischen Vorstellung der Indígenas als Wilder, die Verfolgung wurde jedoch durch den Erlass der Bulle legitimiert: ab 1537 konnte man nach der Schaffung "beseelter Indios" deren neu kreierte Seele retten.
Im Europa vor der Entdeckung der "Neuen Welt" im Jahr 1492 hatten es Priester überall auf die Gefahren des Teufels und der Sünde abgesehen, die ausgemerzt werden mussten. Danach stellten die Menschen des Abendlandes teils mit Verwunderung, großteils mit Schrecken fest, dass das Reich des Satans viel weiter reichte als sie bis 1492 angenommen hatten.
Der These Pater Acostas schlossen sich die Missionare, sowie der überwiegende Teil der katholischen Elite an:
" Seit der Geburt Christi und der Ausbreitung der wahren Religion in der Alten Welt hat sich Satan nach Westindien geflüchtet und dort eine seiner Bastionen errichtet. Zwar wütet er immer noch heftig in christlichen Landen [...]. Aber dort wacht die Kirche, und wer sich hinter ihren geistigen Schutzwall flüchten kann, vermag die Angriffe des bösen Feindes zurückzuschlagen. In Amerika dagegen residierte Satan vor der Ankunft der Spanier als unumschränkter Herrscher."[125]

Die "tabula rasa", die Politik der radikalen Ausmerzung der Abgötterei, wurde ideologisch vom abendländischen Denken selbst gerechtfertigt. Natürlich war die Schaffung des Bildes des Anti-Christen bzw. des Satans ein nützlicher und bequemer Vorwand für die Kolonisierung und Plünderung Amerikas und diente als Entschuldigung für die brutale Unterdrückung und Vernichtung der Indígenas.
Der "böse Wilde" war das minderwertige Andere. Dieser erregte Anstoß weil er sich von der eigenen, vermeintlich überlegenen Kultur abhob - weil er von der europäischen Wertenorm abwich. "Barbar", die Bezeichnung für den Anderen, bedeutet wörtlich etwa der "Stammelnde", also Mensch ohne Sprache. Die Feststellung "andere Sprache" führt fast automatisch zum Schluss "keine Sprache".
Ein Symbol für die damals herrschenden sprachlichen Missverständnisse ist der Name der mexikanischen Provinz Yucatán bzw. das Ereignis, wie die Halbinsel zu ihrem Namen kam: die Mayas hatten auf die Zurufe der ersten Spanier, die auf der Halbinsel an Land gingen, "Ma c'ubah than" geantwortet,

---

[124] Bulle Sublimis Deus in: Galeano, Eduardo: Geburten. Erinnerungen an das Feuer. Peter Hammer Verlag, Wuppertal, 1992. S. 127
[125] Delumeau, Jean: Angst im Abendland. Die Geschichte kollektiver Ängste im Europa des 14. bis 18. Jahrhunderts. Rowohlt Taschenbuch Verlag, Reinbek bei Hamburg, 1989. S.387

was so viel bedeutet wie "Wir verstehen eure Worte nicht". Da die Spanier aber "Yucatan" verstanden hatten, kamen sie darüber überein, dass dies der Name der Provinz sei.[126]

Bis ins 17. Jahrhundert hinein zeugen europäische Reiseberichte von einer blühenden Phantasie: frühe Reisende erzählten von Fabelgestalten und Monstern, die in der "Neuen Welt" leben sollten. Kolumbus berichtete von einäugigen Menschen, aber auch von Zwergen und Riesen. Wieder andere verschafften sich Gehör und Aufmerksamkeit durch ihre Berichte von Menschen ohne Köpfe. Verschiedene Geschichten aus der damaligen Zeit haben bis heute überlebt - so vor allem die Unterstellung von Gesetzlosigkeit, tierhafter Sexualität, Inzest, geistiger Beschränktheit, Faulheit, Falschheit und Kannibalismus.

Die von den Azteken praktizierten Menschenopfer waren das überzeugendste Argument für die Wildheit und folglich auch für die Inferiorität der Indianer für Sepúlveda und die durch ihn vertretene Partei bei der Debatte von Valladolid im Jahre 1550.[127]

Zu diesen negativen Bildern gesellten sich aber sehr früh auch beschönigende Berichte, die das Ideal der "natürlichen Lebensweise" priesen und zur Schaffung des "edlen Wilden" beitrugen. Die lobenden Attribute gehen aus den Negativklischees des Barbaren hervor - aus Primitivität wurde Einfachheit, Unschuld und Anspruchslosigkeit, aus Faulheit wurde ruhiges Behagen, aus Gesetzlosigkeit "natürliche" Harmonie und aus Triebhaftigkeit unbesorgte Lebensfreude.[128]

Der edle Wilde ist somit das ins Positive gewendete Spiegelbild des "Barbaren". Beide Vorstellungen, einerseits vom "bestialischen Wilden", andererseits vom "unverdorbenen Naturkind", entspringen einem betont eurozentristischen Weltbild und ziehen sich wie ein roter Faden durch die Berichte von der "Neuen Welt" - sowohl Hass als auch Liebe des Anderen entspringen demselben Denken: beide wollen sich das Fremde einverleiben und bewirken dadurch Zerstörung.

Den Missionaren und Konquistadoren widerstrebte vor allem die Vorstellung der Nacktheit der Indígenas und sie argwöhnten dahinter ungezügeltes sexuelles Verlangen - ein guter Vorwand, die Menschen zur Keuschheit des Christentums zu bekehren und Andersdenkende auszurotten war geboren. Auch der Vorwurf des Kannibalismus galt oft als Vorwand, um die Stigmatisierung eines Volkes betreiben und dessen Ausrottung rechtfertigen zu können. Neben

---

[126] Vgl.: Todorov, Tzvetan: Die Eroberung Amerikas. Das Problem des Anderen. Suhrkamp Verlag, Frankfurt am Main, 1985. S.121f.
[127] Vgl.: Ebda., S. 183f.
[128] Vgl.: Bitterli, Urs: Die "Wilden" und die "Zivilisierten". Grundzüge einer Geistes- und Kulturgeschichte der europäisch-überseeischen Begegnung. Verlag C.H.Beck, München, 1991. S.373

wirtschaftlichen Erwägungen wurde das angeblich "verdorbene Wesen" zum Rechtfertigungsmotiv der Herrschaft der Europäer über die dort lebende Bevölkerung und deren Demütigung und Unterdrückung. Während in der "Neuen Welt" die Konquistadoren gegen "Wilde" und "Barbaren" vorgingen, loderten in Spanien die Scheiterhaufen der Inquisition: Tausende von "Ketzern" und "Hexen" wurden im Namen Gottes verbrannt. Vergleicht man das Bild des "Barbaren" mit jenem der "Hexe" so lässt sich feststellen, dass die Gestalten austauschbar sind: es sind beides gesellschaftliche Konstrukte einer Aggression gegenüber dem Anderen aufgrund von Ängsten, unterdrückten Meinungen und Gefühlen. Die Haltung gegenüber der fremden Kultur widerspiegelt somit die Haltung gegenüber den unterdrückten Bereichen der eigenen Kultur:

"Es war dieselbe Projektion der exzessiven Sexualität auf die Hexen, die auch das Bild des Indianers bestimmte, und in beiden Fällen wurde damit das Verfallensein an den Teufel erklärt. Die schwarze Messe, die zum Wesen der Hexenkultur deklariert wurde, tauchte wieder in den Menschenopfern und dem Kannibalismus auf, die als Kern der indianischen Kulturen aufgefasst wurden."[129]

Kolumbus selbst war es dann, der als erster das idealisierende Bild des edlen, bezaubernd naiven, animalischen und erotisch freizügigen "Wilden" nach Europa brachte. Michel de Montaigne führte dieses Bild in die Philosophische Geisteswissenschaft ein und machte es sich ganz zu eigen, indem er sich mit dem anderen identifizierte.[130]

Bartolomé de las Casas beschrieb ebenfalls den "edlen Wilden" und berichtete als erster über die Gräueltaten der Spanier, allerdings sah auch er die Indígenas als unschuldige Opfer und stellte ihre Lebenswelt sie stark beschönigend, mit der Realität nicht übereinstimmend dar[131], und entmündigte sie damit.[132]

Tatsächlich schätzte er die Indianer und will ihnen kein Unrecht tun und wenn evangelisiert wird, lehnt er Gewalt ab, dennoch verfügt er über keine unmittelbare und genaue Kenntnis der Lebensweise der Indianer, er liebt die Indianer, kennt sie aber nicht. Er liebt die Indianer und er ist Christ.

---

[129] Müller, Wolfang: Die Indianer Amazoniens. Völker und Kulturen im Regenwald. C.H.Beck, München, 1995, S.19.

[130] Vgl.: Fink-Eitel, Hinrich: Die Philosophie und die Wilden. Über die Bedeutung des Fremden für die europäische Geistesgeschichte. Junius Verlag, Hamburg, 1994, S.49

[131] In den Berichten Las Casas' verschmilzt die Vorstellung der idyllischen Natur mit jener des "edlen Wilden", den er in eine Opferrolle zwängte, aus der er sich selbst nicht befreien könne.

[132] Bartolomé de Las Casas in: Stein, Gerd (Hg.): Die edlen Wilden. Die Verklärung von Indianern, Negern und Südseeinsulanern auf dem Hintergrund der kolonialen Greuel. Vom 16. bis zum 20. Jahrhundert. Ethnoliterarische Lesebücher. Band 1. Fischer Taschenbuch Verlag, Frankfurt am Main, 1984. S.31

Todorov vereint diese beiden Merkmale zur Aussage *"Er liebt sie, gerade weil er Christ ist, und seine Liebe veranschaulicht seinen Glauben"*[133] und *"...dass er, gerade weil er Christ war, die Indianer falsch wahrnahm"*.[134]

Als Verteidiger der Indianer bevorzugt Las Casas den Kolonialismus gegenüber der Sklaverei, lehnt aber die spanische Expansion grundsätzlich nicht ab; auch seine angestrebte Assimilation der Indianer an die christliche Religion legt Zeugnis davon ab, dass Las Casas eine Vereinnahmung der Indianer nicht ganz unterbinden will - er will nur, dass die Vereinnahmung eher von Mönchen als von Soldaten bewerkstelligt wird. Dennoch ist es Las Casas zu verdanken, dass er offen über die "barbarischen Akte" der Spanier in der "Neuen Welt" sprach, was zu großem Aufsehen im Mutterland Spanien führte.[135]

Gegen Ende des 20. Jahrhunderts kam es dann zu einem regelrechten Idealisierungs-Boom. Die Gründe für die Vorbildrolle, die indigenen Gemeinschaften nun aufgezwängt wurde, waren die Angst vor dem Untergang der Welt und die allgemeine Enttäuschung über das kapitalistische Weltsystem. Alle Indígenas, egal ob in Kanada, den USA, in Zentral- oder Südamerika lebend, wurden zu einer homogenen Masse, die man begehrt und beliebig mit Ideologien bestücken kann:

"Damit haben wir Europäer es wieder einmal geschafft, den Indianern ein neues Klischeebild anzudichten. Nach dem unzivilisierten Heiden kam der edle Wilde, dann der blutrünstige Skalpjäger, der heldenhafte Freiheitskämpfer, die sterbende Rasse, der arbeitsscheue Alkoholiker, der linke Stadtguerilla und jetzt der Öko-Heilige."[136]

Nicht in der Realität, sondern im europäischen Wunschdenken liegen die Wurzeln der Bilder vom "Indianer als spirituellen Heilbringer" oder als "Ökoheiliger". Heute gilt das Interesse vor allem der indigenen Bevölkerung Nordamerikas, wobei "die Indianer" als Antithese zu uns selbst gesehen werden (wollen): sie lieben und bewahren die Natur, wir zerstören sie, sie leben eingebunden in einer Gemeinschaft, wir fühlen uns einsam in der Massengesellschaft...:

"Bedrückt von den wachsenden Problemen der westlichen Industriegesellschaft begaben sich viele, vor allem jüngere Menschen, auf die Suche nach Alternativen, und nicht wenige stießen dabei auf die Indianer

---

[133] Todorov, Tzvetan: Die Eroberung Amerikas, S. 202
[134] Ebda.
[135] Vgl.: Todorov, Tzvetan: Die Eroberung Amerikas, S. 155ff.
[136] Bolz, Peter: Indianer als Öko-Heilige? Gedanken zur Entlarvung eines neuen Klischees. S.53 in: Lindig, Wolfgang (Hg.): Nordamerikanische Indianer in der Gegenwart. Deutscher Taschenbuch Verlag, München 1994

Nordamerikas, bei denen sie zu finden hofften, was sie daheim vermissten: eine neue Beziehung zur Natur, Einbettung in eine Gemeinschaft, kein Konsumdenken, ein spirituelles Bewusstsein[137] *[...].* "[138]

Die Klischees vom "edlen Wilden" sind weit verbreitet und allgemein bekannt, nichtsdestotrotz klaffen Interpretation und Realität weit auseinander. Die Bezeichnungen „guter" bzw. „edler" Wilder und „böser" bzw. „wilder" Wilder entspringen demselben Dualismus, der auch die Natur, je nach Bedarf, in gute und böse Natur einteilt. Die Wilden wurden naturalisiert, um über einen Vorwand zur Kolonisierung, zur sogenannten „Zivilisierung" zu verfügen. Unter dem Sammelbegriff "Indios" wurden die "Besiegten" von den Konquistadoren und Missionaren zur homogenen Masse degradiert:
"Als anzueignende Ressource mussten alle Verschiedenheiten der vielfältigen Kulturen und Geschichten der Völker Lateinamerikas aus dem Gedächtnis der Europäer gelöscht bzw. diesen erst gar nicht bewusst werden. Die Indios wurden allesamt als Heiden bezeichnet und konnten von den Europäern nach Gebrauchswert zu Sklaven, Zwangsarbeitern und Christen gemacht oder umgeformt werden."[139]

Unbestreitbar ist die Tatsache der Gleichzeitigkeit von Gewalt und Idyllisierung, sei es als guter oder als edler Wilder:
" Der Diskurs über den guten oder edlen Wilden, wie die Menschen noch ganz naiv genannt wurden, in deren Gebiet die Europäer eingedrungen waren, ist so alt wie die Gewalt, mit der sie vernichtet, unterworfen, ihrer Autarkie, Freiheit und natürlichen Reichtümer beraubt wurden, und mit der

---

[137] Maria Mies und Vandana Shiva sehen das wachsende Interesse an spirituellen Dingen als Ausdruck der *"tiefen Krise der westlichen, patriarchal-kapitalistischen Zivilisation. Während im Westen die spirituellen Aspekte des Lebens (stets von der materiellen Welt getrennt) mehr und mehr ausgehöhlt wurden, schauen die Menschen nun in Richtung Osten und vorindustrielle Traditionen auf der Suche nach dem, was in ihrer eigenen Kultur zerstört wurde. Diese Suche entspringt offenbar dem zutiefst menschlichen Bedürfnis nach Ganzheit, allerdings ist die fragmentierende und vermarktende Art, wie das geschieht, zu kritisieren. [...] Diese Luxusspiritualität vermag die Dichotomie zwischen Geist und Materie, Wirtschaft und Kultur nicht zu überwinden, denn solange sie nicht imstande ist, diese Suche nach Ganzheit in eine Kritik am herrschenden ausbeuterischen Weltsystem und der Suche nach einer besseren Gesellschaft zu integrieren, ist sie leicht zu kooptieren und zu neutralisieren."*
Mies, Maria/Shiva, Vandana: Ökofeminismus, 1995.
[138] Schmidt, Dorothea: Heilsbotschaften des Roten Mannes, Klischeebildung und Vermarktung nordamerikanischer Kultfiguren in: Ila. Zeitschrift der Informationsstelle Lateinamerika. Nr. 138, September 1990. S.29
[139] Kaller, Martina L.: Zur historischen Interpretation der europäischen Invasion Amerikas, S.19f in: Gesellschaft für bedrohte Völker (Hg.): Unser Amerika. 500 Jahre indianischer Widerstand. Dachs Verlag, Wien, 1992, S.15-26

sie aus ihren kommunalen Zusammenhängen herausgerissen und zur Zwangsarbeit im Dienst des Weissen Mannes, seines Fortschritts, seiner Zivilisation herangezogen wurden."[140]

Und eben diese Gewalt ist der wesentliche Mechanismus, durch den die Natur, die Frauen, die Kolonisierten und die Bauern zu dem verwertbaren "Anderen" gemacht wurden.[141]

Die in diesem Kapitel aufgezeigte Verachtung und "Naturalisierung" (→ wilder Wilder) einerseits und ihre gleichzeitige Idealisierung und Sentimentalisierung (→ edler Wilder) seitens des patriarchal denkenden Weißen Mannes andererseits gilt nicht nur für "Wilde", sondern auch für Frauen und Natur.

Trotz seiner Sehnsucht nach Idylle hält der Weiße Mann aber fest am Mythos der Herrschaft über die "Wilden", die Frauen, die Natur, als sein *"geschichtsteleologisch vorgegebenes Programm und die Voraussetzung für Fortschritt, Rationalität, Reichtum, Demokratie und Zivilisation"*.[142]

Zahlreiche Untersuchungen belegen den engen Zusammenhang zwischen der gewaltsamen Unterdrückung und Vernichtung der "Wilden" und dem Aufstieg des Weißen Mannes. Die Einstellung *"Der einzige gute Indianer ist ein toter Indianer"* galt bestimmt nicht nur für Sheridan.

Maria Mies weist in *"Sie sehnen sich nach dem was sie zerstört haben"* auf die Arbeit von John H. Bodley hin, der den immer noch nicht beendeten Weg der Zerstörung der Stammesvölker durch die industrielle Zivilisation nachvollzogen hat. Der Weiße Mann war demnach, ebenso wie seine Nachfahren, von dem Mythos beseelt, Stammesvölker seien auf einer niederen Stufe der gesellschaftlichen Evolution stehengeblieben, und es sei das Gesetz der Geschichte, dass sie als "Wilde" dem Fortschritt weichen müssten. Ein Recht der höheren Zivilisation rechtfertigt die Gewalt, die gegen die "Wilden" angewandt wurde: Bodley beschreibt zahlreiche Fälle, sowohl des 19. als auch des späten 20. Jahrhunderts in denen "weiße Zivilisationsmänner" skrupellos und in vielen Fällen auch gekennzeichnet durch ein mangelndes Unrechtsbewusstsein Eingeborene scheinbar beiläufig töteten bzw. regelrecht abschlachteten.[143]

Die gewaltsame Übernahme des Landes beruhte auf der Versklavung und Unterjochung der Eingeborenen. Die gewaltsame Übernahme wurde

---

[140] Kohl, Karl-Heinz: Entzauberter Blick. Das Bild vom Guten Wilden und die Erfahrung der Zivilisation, Medusa Verlag, Berlin 1981

[141] Vgl.: Mies, Maria: Sie sehnen sich nach dem, was sie zerstört haben, in: Mies, Maria, Shiva, Vandana: Ökofeminismus, S. 183 ff.

[142] Mies, Maria: Sie sehnen sich nach dem, was sie zerstört haben, in: Mies, Maria, Shiva, Vandana: Ökofeminismus, S.202

[143] Ebda. S. 203 ff.

"natürlich" gemacht, indem die kolonisierten Menschen als Natur definiert und somit ihrer Menschlichkeit, Freiheit und Kultur beraubt wurden. Weltweit folgte die Ausrottungspolitik, die dem sozialdarwinistischen Recht des Stärkeren entsprang, dem selben Muster: zuerst wurden die Wilden von ihrem Land vertrieben, damit der Weiße Mann es in Besitz nehmen, die natürlichen Ressourcen rauben und in Geldreichtum verwandeln kann; dann erfolgte die Zerstörung der selbstversorgenden und autarken Subsistenzwirtschaft mit dem Hintergrund der um ein Vielfaches erhöhten Anfälligkeit für die Verlockungen der industriellen Zivilisation bei Abwesenheit oder eben Zerstörung einer relativ intakten Subsistenzbasis; die Faszination des städtischen Konsummodells setzt die gewaltsame Trennung der Menschen von ihrem Land, die gewaltsame Zerschlagung des Gemeineigentums, die Zerstörung der kommunalen Clan- und Stammeszusammenhänge und die Zerstörung der eigenen Kultur voraus:

"Erst dann kann der koloniale Minderwertigkeitskomplex, der zu einer Abwertung der eigenen Kultur, der eigenen Lebensweise, der eigenen Stärke führt, seine verheerende Wirkung entfalten und die so Entwurzelten auf den Weg der nachholenden Entwicklung locken"[144].

Teil der Ausrottungspolitik war es auch, den Stammesangehörigen die politische Souveränität über ihr Gebiet abzusprechen.[145]
Durch den gewaltsamen Raub ihrer Kultur wurden die Kulturvölker (z.B. Mittel- und Südamerikas) zu Naturvölkern gemacht. In Wahrheit gibt es aber keine Naturvölker. Jede menschliche Gemeinschaft verfügt über eine eigene, sie kennzeichnende Kultur. Der Unterschied zwischen den sogenannten „Naturvölkern" und „Kulturvölkern" liegt im jeweiligen Umgang mit der Natur. Grob gesagt können wir also eine Unterscheidung vornehmen, je nachdem, ob sich menschliche Gemeinschaften in die Natur einbetten, mit ihr leben, oder aber sie bekämpfen und ihre Grenzen ständig zu überwinden versuchen. Die Kultur der sogenannten „Naturvölker" ist deshalb besser, da sie mit der Natur zusammen leben, und nicht gegen sie. Die Tatsache, dass die sogenannten „Naturvölker" über eine Kultur verfügen, eine ganz bewusst gewählte (nicht zufällig entstandene) und sich entwickelnde Kultur, die sich durch ihren Umgang mit der Natur charakterisiert, wird immer verschwiegen. In diesem Sinne haben „Naturvölker" sogar eine „bessere" Kultur als wir: sie sind nicht „von Natur aus" besser als wir, aber sie haben es geschafft, einen harmonischen und nachhaltigen Umgang mit der sie umgebenden Natur zu pflegen.

---

[144] Bodley, John H.: Der Weg der Zerstörung. Stammesvölker und die industrielle Zivilisation; Trickster, München 1989, S. 86f.
[145] Vgl.: S. 86f.

Die aufgezeigte Beziehung zwischen kolonialer Gewalt und Fortschritt war von Anfang an begleitet von jener Romantisierung und Idyllisierung des "guten Wilden" und seiner exotischen, freien Natur. Begriffe wie Naturmenschen und Naturvölker, die im Gegensatz zur Zivilisation oder den Kulturvölkern stehen, lösen seither auch jene positiven, romantischen Vorstellungen bei den "Zivilisierten" aus, auf die sich eben diese Sehnsucht richtet. "Wilde" und die Frauen werden also in die Rolle eines Gegenbildes zum Weißen Mann, auf einen Naturzustand festgeschrieben, gedrängt. Gleichzeitig herrscht der Wunsch nach Besitz und Unterdrückung der Natur und der Frauen vor. Maria Mies behauptet, dass Gewalt und Idylle Hand in Hand gehen: Zerstörung kommt vor der Sehnsucht, Gewalt kommt vor der Romantisierung.

Die gewaltsame Unterdrückung von "Wilden", Frauen und Natur spiegelt die Unfähigkeit der patriarchalen Weltanschauung, mit Differenz zurechtzukommen, wider. Wenn der Weiße Mann als Maßstab aller Dinge gilt und Vielfalt der Hierarchie weichen muss, wird alles was anders ist, als "ungleich" und minderwertig behandelt. Der Verlust an Vielfalt als Preis des patriarchalen Fortschrittsmodells bedeutet die Marginalisierung von Indigenen, Frauen und Armen und die Zerstörung der Biodiversität.

II. 2. MEXIKO - oder:

VON DER NOTWENDIGKEIT DES WIDERSTANDES

Die Plünderung und Privatisierung der öffentlichen und kollektiven Ressourcen muss in den Kontext der Globalisierung und der westlichen Wirtschaftskrise mit deutlicher Überproduktion in den westlichen Ländern gestellt werden. Die Homogenisierungstendenzen als Folgen der Globalisierung sind bereits festzustellen, sowohl auf wirtschaftlicher als auch und insbesondere auf kultureller Ebene.

Aufgrund ihrer Überproduktion brauchen die USA, Westeuropa und Asien neue Absatzmärkte, gleichzeitig werden die biologischen Ressourcen geplündert und patentiert, um die Ernährungssouveränität bestimmter Gruppen/Völker/Länder zerstören zu können, und sie somit zu abhängigen Konsumenten des Weltmarktes machen zu können.

Mexiko ist in ungleich höherem Ausmaß als viele andere Länder ins Fadenkreuz der multinationalen Unternehmen geraten, zum einen, da es als eines der artenreichsten Länder der Welt gilt und zum anderen, da es als NAFTA-Mitgliedsland einen Korridor zur wirtschaftlichen Erschließung und Eroberung ganz Mittel- und Südamerikas mit bereits zumindest in minimalem Ausmaß bestehenden Infrastrukturen für potentielle Investoren gilt. Langfristig besteht Gefahr für die gesamte Bevölkerung, allerdings sind die indigenen Völker, die bereits seit über 500 Jahren einer ständigen kolonialen Beherrschung und Unterdrückung[146] ausgesetzt sind, unmittelbar bedroht: die globale Wirtschafts-, Geo- und Biopolitik zielt auf die Zerstörung der Existenz von lokalen, subsistenzbetreibenden Gruppen ab. Bäuerliche Gemeinschaften mit der Fähigkeit der Selbstversorgung haben im neoliberalen Wirtschaftssystem keinen Platz mehr, da sie nur einen minimalen Beitrag zum

---

[146] An dieser Stelle auf die Geschichte, Folgen und die heutige Situation des 500-jährigen Widerstands der Indígenas gegen die Versuche der Hispanisierung, Unterdrückung und Ausrottung einzugehen, würde den Rahmen der Arbeit sprengen. Empfehlenswert in diesem Zusammenhang ist die Lektüre folgender Werke:
- Batalla, Guillermo Bonfil: México profundo. Una civilización negada, México D.F., Editorial Grijalbo, 1994.
- Montemayor, Carlos: Los pueblos indios de México hoy. México D.F., Editorial Planeta Mexicana, 2000.
<u>Deutschsprachige Lektüre:</u>
- Fuentes, Carlos: Der vergrabene Spiegel. Die Geschichte der hispanischen Welt, Frankfurt am Main, Fischer Taschenbuch Verlag, 1998
- Paz, Octavio: Das Labyrinth der Einsamkeit. Frankfurt, Suhrkamp, 1974
- Todorov, Tzvetan: Die Eroberung Amerikas. Das Problem des Anderen, Suhrkamp Verlag, Frankfurt am Main, 1985

Umsatz der Weltwirtschaft liefern, vor allem aber da auf Subsistenz basierende Gemeinschaften nicht ausbeutbar sind.

In Mexiko wurde die neoliberale Politik mit Carlos Salinas de Gortari (1988-1994) und seiner mexikanischen Variante des Neoliberalismus (→ Salinismus) eingeläutet; in seinen Nachfolgern Ernesto Zedillo (1994-2000) und seit Dezember 2000 im ersten Nicht-PRI-Präsidenten seit 71 Jahren, Vicente Fox, hat Salinas gute Schüler gefunden. Mexiko stellt in ihren Augen das Modell par excellence für die Integration eines Schwellenlandes in die globalisierte Ökonomie dar und wird beinhart auf neoliberalem Kurs gehalten. Auf der Strecke bleiben Frauen, Kinder, Bauern, Indígenas, die von den natürlichen Ressourcen und ihrem Grund und Boden ihre Lebensgrundlage erarbeiten. Die Pläne der Regierung (Plan Puebla Panamá und FTAA bzw. ALCA) zielen auf die Zerstörung des bisherigen sozialen Gefüges - Globalisierung, Freihandelszonen, Biopiraterie und daraus resultierende Armut treten an seine Stelle.

II. 2.1 Mexiko, ein selbsternanntes Land der Ersten Welt? oder: NAFTA & Co.

Am 1.1.1994 trat das *North America Free Trade Agreement* NAFTA zwischen den USA, Kanada und Mexiko in Kraft. NAFTA bildet seither die zweitgrößte Freihandelszone der Welt. Als Dank für die „gelungene" Eingliederung Mexikos in die internationalen Märkte ermöglichten die weltweiten Supermächte dem damaligen Präsidenten Salinas (1988-1994) den Vorsitz in der Welthandelsorganisation WTO[147]. Die NAFTA wird in neoliberalen Kreisen als die "**Mutter** aller Investitionsabkommen" gehandelt (die *Mutter* als Patin für ein neoliberal-patriarchales Programm!) und diente als direktes Vorbild des *MAI*, dem Entwurf eines Multilateralen Abkommens über Investitionen (*Multilateral Agreement on Investment*).[148]

Als Vorausbedingung für den Eintritt Mexikos in die NAFTA war eine Revision von Artikel 27 der mexikanischen Verfassung notwendig: Artikel 27 war 1917 als Kompromiss der Campesinos mit der Regierungsgewalt im Zuge der mexikanischen Revolution (1911-1917) und der von Emiliano Zapata geforderten Agrarreform in der mexikanischen Verfassung festgehalten worden. Der Artikel legt fest, dass Gemeinland, *ejidos*, als unveräußerliches Land im Staatsbesitz bleibt und den Gemeinden zur kollektiven oder individuellen Bewirtschaftung mit unbefristetem Nutzungsrecht übertragen wird. Das

---

[147] Vgl. Schmidt, Gerold: Der Indio-Aufstand in Chiapas. Versuch einer demokratischen Revolution. München: Knaur 1996. S. 24
[148] Vgl. Mies, Maria: Geschichte und Hintergründe, in: Mies, Maria/ Werlhof, Claudia von (Hg.): Lizenz zum Plündern. 3. Aufl., Hamburg: Rotbuch Verlag 1999. S. 53

Eigentumsrecht an Land, einschließlich der Bodenschätze, kommt demzufolge also der Nation zu, die sich verpflichtet, Land an Campesinos, die ejidos schaffen, abzugeben. Ursprünglich als Kompromiss und Übergangskonzept verstanden, kam die Regierung unter Lázaro Cárdenas (1934 bis 1940) darüber überein, den ejido als eine dauerhafte Einrichtung des modernen Mexiko aufrechtzuerhalten. Bereits 1940 war die Hälfte des gesamten urbanen Landes in den ejido übergegangen (➔ Landreform).[149]

Seit 1917 war das Land also sowohl kommunales als auch nationales Territorium. Dieser Vereinigung von Land und Nation als Grundlage für die Konstruktion der Gesellschaft wurde mit der Revision von Artikel 27 ein jähes Ende bereitet, und die plötzliche Öffnung der bis dahin eher protektionistisch orientierten Nationalökonomie sollte die „*Eingliederung Mexikos in die Länder der Ersten Welt*" (Zedillo) signalisieren. Im Februar 1992, als die Revision des für Indígenas, Campesinos und andere lokale Gemeinschaften existentiellen Artikels 27 erfolgte, wurde die Privatisierung des bis dahin unveräußerlichen ejido-Landes möglich gemacht. Die öffentliche Hand wurde damit von ihrem Besitz getrennt und die Gemeinschaften wurden de facto ihres Landes beraubt, um US-amerikanischen und kanadischen Investoren den Zugang zum Kauf großer Landflächen zu ebnen.

Gustavo Esteva bezeichnet die Abänderung des Artikels als „*das schnellste und größte Privatisierungsprogramm der Geschichte*".[150]

Die Folgen der Verfassungsänderung im Zusammenhang mit der NAFTA sind die massive Vertreibung von Bauern von ihrem Land, meist zugunsten von Agrobusiness-Firmen, die riesige Flächen aufkaufen und Plantagen zur Exportproduktion anlegen.[151]

Während die Campesinos von ihrem Land vertrieben werden, eignen sich transnationale Konzerne die Lebensräume der Indígenas an, entziehen dem Boden das Gewünschte, beuten das Land aus, unterziehen es chemieintensiver Bewirtschaftung, verschmutzen es mit Chemikalien und machen es damit für spätere Generationen unbewohnbar oder zerstören es durch Bebauung (Firmengelände, Autobahnen, Abfallhalden für den Müll aus dem Norden usw.).

Präsident Salinas hatte von einer Befreiung des Campesinos durch den neugefassten Artikel gesprochen, da dieser nun die Wahl habe, das Land weiter zu bebauen oder es zu verkaufen. Die Aussichtslosigkeit des Konkurrenzkampfes gegen das Kapital aus den USA und Kanada verschwieg er. Die einstigen Einschränkungen für das Auslandskapital sind weggefallen, der

---

[149] Vgl. Esteva, Gustavo: Fiesta - jenseits von Entwicklung, Hilfe und Politik. 2., erweiterte Neuaufl., Frankfurt a.M.: Brandes & Apsel Verlag 1995. S. 119f.

[150] Esteva, Gustavo: Fiesta – jenseits von Entwicklung, Hilfe und Politik. 2., erweiterte Neuaufl., Franfurt a.M.: Brandes & Apsel Verlag 1995. S. 184

[151] Vgl. Mies, Maria: Was bedeutet das Mai für Deutschland?, in: Mies, Maria/ Werlhof, Claudia von (Hg.): Lizenz zum Plündern. 3. Aufl., Hamburg: Rotbuch Verlag 1999. S. 126f.

wirtschaftliche Druck auf die ejidos und deren Mitglieder steigt. Sind die Campesinos erst einmal von ihrem, wenn auch oft kargen, Boden getrennt, können sie allenfalls als Hilfsarbeiter in der Industrie unterkommen, unter denkbar schlechten Bedingungen, denn Campesinos auf Arbeitssuche wird es bald genug geben.

Die Wiederherstellung von Artikel 27 ist deshalb eine zentrale Forderung der EZLN, des *Ejército Zapatista de Liberación Nacional,* damit den Mexikanern, wie bis 1992, der Zugang zum Land zu Zwecken der Selbstversorgung gesichert wird.

War die Verfassungsänderung „nur" eine Bedingung für das Zustandekommen des NAFTA-Vertrages, trägt insbesondere das Abkommen selbst dem Investitionsschutz für ausländische Investoren Rechnung. NAFTA ist ein weiterer Schritt in Richtung Verwirklichung des neoliberalen Projekts der Schaffung globaler, monopolkapitalistischer Verhältnisse. Wie in Teil I dieser Arbeit erläutert, ist Biopiraterie und die Versklavung der natürlichen Ressourcen in den direkten Kontext der NAFTA zu stellen - NAFTA sichert die Methoden und eine ständig weitere Auslegung zugunsten einer Privatisierung der Natur. Innerhalb des Abkommens liefert Kapitel 11 das bisher deutlichste Signal: es formuliert in konzentrierter Form die Bestrebungen des globalen Kapitals, sich von allen Beschränkungen grenzüberschreitender Investitionen zu befreien und führt eine Reihe von "Rechten" und Schutzmaßnahmen für Investoren an. Welchen Stellenwert die Investorenrechte gegenüber den Rechten der Bevölkerung (z.B. bei gesundheitsschädigenden Folgen) in der NAFTA einnehmen, beweist unverblümt das Recht der Konzerne, unmittelbar gegen Gesetze, Rechtsvorschriften und Praktiken eines Unterzeichnerstaates vorgehen zu dürfen, wenn diese die Möglichkeit des Investors zu maximaler Gewinnzielung einschränken. In Bezug auf Investitionen ist es, Kapitel 11 zufolge, unzulässig, einen bestimmten lokalen Mindestanteil, Technologietransfer oder die Beschränkung von Gewinnrückführungen vorzuschreiben. Konzerne, die eine Entschädigung für potentielle künftige Gewinnausfälle fordern, können unmittelbar gegen den betreffenden Staat ein Rechtsverfahren einleiten. Die Verhandlungen werden vor nicht-öffentlichen Gerichten geführt, die mit Schiedsexperten besetzt werden. Diese sogenannten NAFTA-Gerichte entziehen sich jeder demokratischen Kontrolle. Ein entsprechendes Recht der Regierungen, Konzerne wegen akuter oder künftiger Sozial-, Wirtschafts- oder Umweltbeeinträchtigungen zu verklagen, sieht das Abkommen nicht vor. Die Rechte der Investoren gelten, den NAFTA-Investitionsbestimmungen zufolge, in gleicher Weise auch für den (ehemals) öffentlichen Sektor.[152]

---

[152] Vgl.: "Freihandelszone Amerika: Eine neue Offensive der Konzerne" unter: http://www.iuf.org/german/editorial/

Die Auswirkungen von Kapitel 11 werden im Präzedenzfall *Metalclad Corporation* gegen Mexiko deutlich. Die Regierung Mexikos wurde von einem NAFTA-Gericht zur Schadenersatzzahlung von 16,7 Millionen US-Dollar an die US-amerikanische Abfallentsorgungsfirma *Metalclad* angewiesen. Das kalifornische Unternehmen hatte behauptet, die Weigerung der Regierung des mexikanischen Bundesstaates San Luis Potosí zur Wiedereröffnung einer von *Metalclad* betriebenen Abfallhalde sei "gleichbedeutend mit einer Enteignung". Der Bundesstaat hatte nach einer Umweltverträglichkeitsprüfung eine Vergiftung des Trinkwassers befürchtet und das Gebiet, in dem sich die Abfallhalde befindet, zum Umweltschutzgebiet erklärt.[153]

Ein weiterer NAFTA-Präzedenzfall ist der Fall *Ethyl Corporation* gegen Kanada. Der US-Konzern *Ethyl Corporation* zwang die kanadische Regierung zur Wiederaufhebung ihres Verbots des Nervengiftes MMT, eines vom US-Unternehmen hergestellten Benzinzusatzes. Ursprünglich hatte der Konzern den kanadischen Staat wegen indirekter Enteignung zukünftiger Gewinne auf 251 Millionen Dollar Schadenersatz mit der Begründung, dass die NAFTA solche indirekten Enteignungen verbiete, verklagt. Nachdem Wissenschaftler plötzlich feststellten, dass MMT doch nicht gefährlich sei, endete der Fall mit einem außergerichtlichen Vergleich: der kanadische Staat zog sein Verbot der Herstellung von MMT zurück und zahlte dem Konzern zehn Millionen US-Dollar für Gerichtskosten und Gewinnverlust, während *Ethyl Corporation* auf seine Entschädigungssumme verzichtete.[154]

In zwei Jahren NAFTA gab es bereits vier Klagen ausländischer Investoren gegen den Staat.

Im Zusammenhang mit Biopiraterie und dem Patentwesen gilt zu erwähnen, dass US-Patente bereits jetzt in der ganzen NAFTA Gültigkeit besitzen. Die scheinbare Unabhängigkeit subsistenzorientierter Gemeinschaften vom Weltmarkt ist also bereits Vergangenheit. Bäuerliche Gemeinschaften können tatsächlich zur Bezahlung von Lizenzgebühren, durch die Verwendung von z.B. Samen, gezwungen werden, rechtlich legitimiert durch Patentrecht und NAFTA. Das Ausmaß des Saatgutkrieges bekommt in diesem Zusammenhang eine andere Dimension und der Ausdruck „Rekolonisierung" wird zur traurigen Tatsache.

---

[153] Vgl. Mies, Maria: Die wichtigsten Klauseln des Vertrages, in: Mies, Maria/ Werlhof, Claudia von (Hg.): Lizenz zum Plündern. 3. Aufl., Hamburg: Rotbuch Verlag 1999. S.44
[154] Vgl. Mies, Maria: Geschichte und Hintergründe, in: Mies, Maria/Werlhof, Claudia von (Hg.): Lizenz zum Plündern. 3. Aufl., Hamburg: Rotbuch Verlag 1999. S. 61f.
Vgl.: "Freihandelszone Amerika: Eine neue Offensive der Konzerne" http://www.iuf.org/german/editorial

II. 2.1.1 FTAA - Das wiederauferstandene MAI

Die neoliberalen Bestrebungen der mexikanischen politischen und wirtschaftlichen Elite und des sie verführenden Auslandskapitals haben in der NAFTA allerdings lediglich einen vorübergehenden Höhepunkt gefunden und werden weiter vorangetrieben: seit dem 1. Juli 2000 besteht ein Freihandelsabkommen Mexikos mit der EU. Der Freihandelsvertrag trat symbolträchtig einen Tag vor der Wahl zu Zedillos Nachfolger im Präsidentenamt in Kraft. Mit Inkrafttreten des Freihandelsabkommens hatten 48 Prozent der EU-Exportgüter freien Zugang zum mexikanischen Markt, bis zum Jahr 2007 soll der mexikanische Markt vollständig zollfrei sein. Der EU-Markt öffnet sich Mexiko in vier Schritten und bereits ab 2003 werden alle Zölle abgeschafft sein.[155]

Über kurz oder lang wird dieser Vertrag zur Zerstörung der mexikanischen Klein- und Mittelbetriebe führen, da mexikanische Produkte kaum Chancen auf dem europäischen Markt haben, während in Mexiko die europäischen Produkte, nach Wegfall der Zölle und anderer Protektionsmaßnahmen, die mexikanischen Produkte zunehmend verdrängen werden. Langfristig werden auch die größeren Unternehmen Mexikos Schaden durch die Freihandelsverträge und die weiteren Liberalisierungs- und Deregulierungs-bestrebungen erleiden, unmittelbar sind jedoch die Klein- und Kleinstbetriebe von den Maßnahmen betroffen, da diese nur über sehr wenig Kapital und damit über kein „Polster" verfügen.

Weitere, noch gefährlichere und zerstörerische Instrumente sind die *Free Trade Area of the Americas* (FTAA[156]; das Panamerikanische Freihandelsabkommen) und der *Plan Puebla Panamá* (PPP).

Bereits unter US-Präsident Bill Clinton entstand die Idee zur *FTAA;* die Unterschrift erfolgte durch George Bush im April 2001 anlässlich des dritten Gipfels der Amerikanischen Staaten im kanadischen Quebec. Dabei wurde vereinbart, bis 2005 die Verhandlungen über die Freihandelszone FTAA abzuschließen. FTAA ist der Plan der Schaffung einer, die gesamte Hemisphäre umspannenden Freihandelszone - alle Länder der Karibik, Mittel- und Südamerikas, mit (vorläufiger) Ausnahme Kubas.[157]

Mit FTAA werden die destruktiven Maßnahmen und Folgen der NAFTA auf ein Gebiet von etwa 800 Millionen Menschen ausgedehnt. Seinem Umfang und Geltungsbereich nach ist FTAA jedoch ein noch viel aggressiveres Programm zur Enteignung der Reichtümer Mexikos und ganz Lateinamerikas als die NAFTA und kann, aufgrund der vorgeschlagenen Investitionsbestimmungen, als wiederauferstandenes MAI bezeichnet werden.

---

[155] Vgl.: http://www.dihk.de/inhalt/themen/international_neu/regionen/amerika
[156] Die spanische Abkürzung der interamerikanischen Freihandelszone lautet ALCA
[157] Vgl.: "Freihandelszone Amerika: Eine neue Offensive der Konzerne" http://www.iuf.org/german/editorial

Die Vorschläge für den Dienstleistungsbereich bedeuten die Aufhebung aller noch bestehenden Beschränkungen für die Auslieferung des öffentlichen Sektors an die Konzerne; die FTAA würde es beispielsweise einem Konzern ermöglichen, im Bereich Bildungswesen gegen Regierungen zu klagen, die das öffentliche Ausbildungsmodell unterstützen. Die Vorschläge für die urheberrechtlichen Bestimmungen bedeuten eine weitere Stärkung des Patentmonopols der Konzerne und die Patentierung von Lebensformen.[158]

Den Regierungen wird de facto die Möglichkeit genommen, regulierend einzugreifen, auch oder gerade im Sinne von Gesetzen zum Schutz der Umwelt oder der öffentlichen Gesundheit. Menschen und übriggebliebene Natur werden dem brutalen Kapitalismus der Moderne zum Fraß vorgeworfen, denn sie wurden ja bereits negiert, zerstört, wertlos gemacht – in Mexiko seit über 500 Jahren.

FTAA und PPP legitimieren eine zweite Kolonisierung, die Versklavung durch die transnationalen Konzerne aufgrund der deutlichen Vormachtstellung der Investorenrechte und dem existenzbedrohenden Raub der natürlichen Ressourcen.

Wenn ein Land die Konkurrenzfähigkeit über Vereinbarungen im Arbeits- und Umweltbereich stellt, sind Menschen nichts mehr wert oder nicht mehr wert als ihre Leistungen für den (Welt-)Markt.

Die Folgen der neoliberalen Verträge im arbeitsrechtlichen Bereich sind seit 1994 am Beispiel der Maquila-Industrie an der Grenze zu den USA zu sehen: die meist weiblichen Beschäftigten verdienen sieben Mal weniger als ihre Kolleginnen ein paar Meilen nordwärts in den USA, arbeiten in kasernenartig organisierten Produktionsstätten bei täglichen Überstunden, ohne sich gewerkschaftlich organisieren zu dürfen und sind ständigen (sexuellen) Übergriffen durch ihre Vorgesetzten ausgesetzt. In Ciudad Juárez wurden allein im Jahr 1997 287 Frauen ermordet! Wo Frauenarbeit nichts wert ist, ist auch Frauenleben nichts wert.[159]

Dabei bezahlen die Unternehmen der Maquilaindustrie dem mexikanischen Staat weder Zölle noch Steuern. Die Billiglohnfabriken und freien Produktionszonen sind eben der logistische Hintergrund der Markenprodukte und Billig(st)preise der westlichen Welt.

Der Wert von Menschen wird auf ihre Leistung als Arbeitskraft und auf ihre Kaufkraft reduziert, während gleichzeitig die sie umgebende Natur auf ihren (kommerziellen) Wert als Rohstoff reduziert, ausgebeutet und zerstört wird. Mensch und Natur stellen im neoliberal-patriarchalen Paradigma nichts weiter

---

[158] Vgl.: Ebda.
[159] Vgl. Werlhof, Claudia von: MAInopoly: Aus Spiel wird Ernst, in: Mies, Maria/ Werlhof, Claudia von: Lizenz zum Plündern. 3. Aufl., Hamburg: Rotbuch Verlag 1999. S. 147ff.

als eine Ressource dar, eine Ressource, über die die Elite den Anspruch auf Kolonisierung und Plünderung erhebt – im Süden wie im Norden. Die multinationalen Konzerne erhalten in ihrem Kampf um die weltweiten Ressourcen Unterstützung von den Supermächten in Form von Strukturanpassungsprogrammen, Deregulierungsmaßnahmen für den Markt, Gewährung von Krediten an Kleinproduzenten und Bauern, Führung militärischer Konflikte usw.

Die Verträge NAFTA, FTAA, Freihandelsvertrag mit Europa und Verfassungsänderung von Artikel 27 sind vergleichbar mit Etappenzielen in der neoliberal-patriarchalen „Tour pour la domination du Monde". Die Etappenziele dienen der schrittweisen Einschränkung der Lebensbedingungen, der Zerstörung des Lebensraumes, der Umgebung und des Verlustes von Würde, Selbstvertrauen und der Forderung nach Selbstbestimmung. Der Markt wird gleichzeitig mit immer mehr Macht ausgestattet und von Monopolen beherrscht und spätestens seit die nationalen Parlamente von den Verhandlungen und dem Entscheidungsprozess ausgeschlossen werden[160], wird den Konzernen auch die politische Macht zugesprochen. Was als Machtverschiebung von der regionalen und nationalen auf die internationale Ebene begann, wird nun durch jene auf die multinationale Ebene vollendet, institutionalisiert durch Verträge - auf regionaler und bilateraler Ebene durch die Freihandelsabkommen, auf multilateraler Ebene seit 1948 durch das Allgemeine Zoll- und Handelsabkommen GATT und seine Nachfolgeinstitution, die Welthandelsorganisation WTO.

Durch die FTAA würde die Einbindung des lateinamerikanischen Kontinents in den Weltmarkt von der liberalen bis zur neoliberalen Epoche einen krönenden Abschluss erfahren. Die Macht würde am Ende (metaphorisch und real) in den Händen einiger weniger multinationaler Konzerne landen. Die Bestrebungen der Multis, mittels der Instrumente Gentechnik und Patentrecht, eine Monopolstellung auf dem Markt zu erreichen, würde das Erreichen des vorläufig letzten Etappenziels, der totalen Abhängigkeit von Bauern und Subsistenzgemeinschaften vom Weltmarkt, bedeuten und den Weg zum Tour-Sieg ebnen – dann könnte das patriarchale Projekt der "Verbesserung" und "Veredelung" der Schöpfungen der Natur und deren angeblich möglicher Ersatz durch patriarchale Kunstproduktionen[161] beginnen.

---

[160] Ausdruck dafür ist der FTAA: der "harte Kern" des Abkommens wurde seit dem ersten Treffen Anfang der 90er Jahre in Miami unter vollständigem Ausschluss sozialer Organisationen und der nationalen Parlamente verhandelt und entschieden.
[161] Vgl. Meier-Seethaler, Carola: Hintergründe zur Konstituierung des Patriarchats. In: Werlhof, Claudia von/Schweighofer, Annemarie/Ernst, Werner W. (Hg.): Herren-Los. Herrschaft – Erkenntnis – Lebensform. Frankfurt am Main: Europäischer Verlag der Wissenschaften 1996. S. 74ff.

Die Gentechnik stellt in diesem Sinne eine Neuheit dar, da sie Zweck und Mittel zugleich ist: Zweck deshalb, weil die Gentechnik und ihre Methoden die Voraussetzung zur Patentierung allen Lebens liefert und so die Kontrolle über die vielfältigen Wirtschaftsformen, Kulturen und Natur möglich macht. Ist die Monopolstellung auf dem Markt des Lebens einmal erreicht, wird Gentechnik wieder zum Mittel, zum Mittel, das der patriarchalen Re-Produktion der Welt mit dem Anspruch auf Verbesserung dienen soll.

Während ein Großteil der Bevölkerung, darunter indigene Gruppen, Frauen, Bauern und andere sogenannte „Marginalisierte" Gustavo Esteva zufolge immer mehr vom Mythos der nachholenden Entwicklung Abstand nehmen, hält ein Teil offensichtlich weiterhin daran fest; Ausdruck dafür sind die Freihandelsverträge. Mittlerweile ist Mexiko in acht verschiedenen Freihandelsverträgen mit 24 Ländern assoziiert in denen 870 Millionen Menschen leben.[162]

Von der NAFTA und den Freihandelsverträgen profitieren in ungleich höherem Ausmaß die ausländischen Unternehmen, während nur sehr wenige mexikanische Unternehmen dem starken Konkurrenzdruck auf Dauer standhalten können. Nicht nur, dass nur sehr wenige mexikanische Produkte auf dem europäischen und dem US-Markt konkurrieren können, die mexikanischen Produkte werden auch in Mexiko selbst zunehmend von ausländischen, billigeren Produkten verdrängt.

Den Gesellschaften Lateinamerikas wurde, durch die schrittweise Internationalisierung der Agrarproduktion und der Märkte, die Kontrolle über ihre ältesten und wichtigsten Kulturpflanzen entzogen. Nur wenige Jahre NAFTA waren nötig, um die kleinbäuerliche Maisproduktion durch die billige Konkurrenz aus den USA zu erdrücken. Die Ananas aus Thailand oder den USA ist in Oaxaca billiger als die vor Ort geerntete. Im traditionellen Reisanbaugebiet Campeche wird mittlerweile über die Hälfte des Reisbedarfs durch Reis aus den USA, Vietnam oder den Philippinen gedeckt.

Die Billigpreise sind aber nur ein vorübergehender Effekt der Konzentration auf dem Weltmarkt: wenn der Markt erst einmal in Monopolhand ist, werden die Preise ins Unerschwingliche steigen. Als Beispiel hierfür kann Bolivien genannt werden, wo im Frühjahr 2000, als Folge des GATS-Abkommens (*General Agreement on Trade in Services*[163]), der Preis für Wasser aufgrund der

---

[162] Vgl. Kanzleiter, Boris: Transatlantischer Freihandel frustriert Gewerkschafter. Poonal-Aussendung Nr. 426 vom 31.3.2000
http://www.npla.de/poonal/p426.htm

[163] Das GATS-Abkommen (allgemeines Abkommen über den Handel mit Dienstleistungen) ist eine der über 20 Handelsvereinbarungen die von der WTO verwaltet werden. 1994 eingerichtet, begannen im Jahr 2000 die Verhandlungen mit dem Ziel, "progressiv das Niveau der Liberalisierung [des Handels]" anzuheben. Ein Abschlussabkommen soll bis Januar 2005 erreicht werden. Mit GATS werden die bisherigen Bereiche gemeinsamen Erbes, wie

Privatisierung des öffentlichen Stadtwassersystems derart stieg, dass viele der ländlichen Familien bis zu einem Drittel ihres Einkommens für ihr Wasser bezahlen mussten.[164]

Damit der Preis von Mexikos wichtigstem Exportgut Kaffee nicht ins Bodenlose sinkt, vernichten mexikanische Kaffeebauern einen Teil ihrer Ernte. In den Konsumentenländern reagiert man auf diese Vorgangsweise mit Unverständnis und harscher Kritik an den hohen Kaffeepreisen - dass die Kaffeebauern trotz ihrer harten Arbeit aufgrund der niedrigen Abnehmerpreise kaum kostendeckend arbeiten, will niemand hören. Gleichzeitig werden Bohnen niederer Qualität importiert, um sie dem löslichen Kaffee, der innerhalb des Landes bleiben soll, beizumischen. Kaum mehr als 10 Cent pro Kilo Kaffee können die Produzenten noch erwirtschaften.[165]

Die Verfechter der Freihandelsverträge vergessen eben oft zu erwähnen, dass nicht nur die Exporte Mexikos gestiegen sind, sondern in größerem Maße auch die Importe. Im Jahr 1999 wies Mexiko mit fünf Milliarden Dollar das größte Handelsdefizit lateinamerikanischer Länder auf. Und auch die Exportzuwächse sind zu einem großen Teil nichts weiter als die Zahlen einer schönen, aber wenig aussagekräftigen Bilanz: die Zuwächse sind hauptsächlich auf die boomende Maquila-Industrie an der Grenze zu den USA zurückzuführen, wobei diese Unternehmen aber weder Zölle noch Steuern bezahlen müssen.

Noch glauben die politischen Verfechter neoliberaler Verträge, dass sie im Kampf um Wettbewerbsfähigkeit überleben können. Allerdings handelt es sich dabei um eine Illusion. Überleben werden den Kampf um den Weltmarkt eine Handvoll multinationaler Unternehmen weltweit, nachdem die klein- und mittelständischen Wirtschaftsstrukturen zerstört worden sind - auf beiden Seiten des Atlantiks.

Die Freihandelsverträge und insbesondere die FTAA sind Teile des PPP. Obwohl die FTAA im offiziellen Dokument der mexikanischen Regierung über den PPP (www.ppp.presidencia.gob.mx) nicht erwähnt wird, sind beide Projekte auf jeden Fall in Beziehung zueinander zu betrachten - geht es beim PPP doch um die Integration von Strukturanpassungsmaßnahmen in einer marginalisierten

---

beispielsweise Saatgut und Gene, Luft und Wasser, Kultur und Kulturerbe, Gesundheitsversorgung und Erziehung auf dem freien Markt der Vermarktung und Privatisierung preisgegeben. Bereits seit einiger Zeit haben Privatisierungen wie jene des Postdienstes und des Energiewesens Hochkonjunktur, Erziehungs-, Gesundheits- und Sozialwesen (→ Pension) sowie Wasserversorgung um nur einige zu nennen werden folgen.
Vgl.: Barlow, Maude: GATS – Die letzte Grenze der Globalisierung, in: The Ecologist, Februar 2001

[164] Vgl.: Barlow, Maude: GATS – Die letzte Grenze der Globalisierung, in: The Ecologist, Februar 2001

[165] Vgl. Ross, John: Requiem auf die Landwirtschaft. Poonal-Aussendung Nr. 506 vom 14.12.2001
http://www.npla.de/poonal/P506.htm

Region, die Teil der Freihandelszone der Amerikas werden soll und ihre Ressourcen ausschöpfen muss, um in der Weltwirtschaft konkurrenzfähig zu bleiben.

II. 2.1.2 Der Plan Puebla Panamá PPP

Mit dem PPP, dem Plan Puebla Panamá, wollen die Regierungen und Wirtschaftslobbyisten Amerikas die wirtschaftliche Integration Mittelamerikas mit seinen natürlichen Ressourcen, der im Überfluss vorhandenen billigen Arbeitskraft und den verstärkten Zugriff von multinationalen Unternehmen vorantreiben. Das Industrialisierungsprojekt PPP wurde im Juni 2001 von Regierungsvertretern von Mexiko, Belize, Costa Rica, El Salvador, Guatemala, Honduras, Nicaragua und Panama unterzeichnet und sieht die Einbindung Süd-Mexikos und Zentralamerikas in die globalisierte Produktion vor. In Mexiko selbst sind die neun südlichsten Bundesstaaten vom PPP direkt betroffen: Puebla, Guerrero, Oaxaca, Chiapas, Veracruz, Tabasco, Yucatán, Campeche und Quintana Roo. Durch ein neues Straßen-, Eisenbahn- und Flughafennetz, die Erschließung neuer Bewässerungssysteme und die Schaffung von Maquiladoras soll die mittelamerikanische Region innerhalb von wenigen Jahren in einen „amerikanischen Jaguar" verwandelt werden, um so mit den „asiatischen Tigern" konkurrieren zu können.[166]

Dass der PPP die Interessen der US-Regierung vertritt, ist kein Geheimnis. Darüber hinaus dürfte das Megaprojekt eine politische Forderung der internationalen Finanzinstitutionen an die nationalen Behörden sein - nicht umsonst zählen zu den Hauptantriebskräften des PPP die Weltbank und die Interamerikanische Entwicklungsbank. Es sieht so aus, als wären die Kreditgeber gekommen, um ihre Zinsen einzufordern.

Das Interesse des Auslandskapitals an dem geostrategischen Projekt liegt im außergewöhnlichen Artenreichtum des Gebietes, das den Plan Puebla Panamá umfasst: die Region beheimatet sieben Prozent der weltweit bekannten Arten der Flora und Fauna, wobei sie 0,5 Prozent der Erdoberfläche umfasst. Insbesondere das Grenzgebiet Guatemala-Mexiko ist sehr reich an Naturressourcen. Neben dem Rohstoffreichtum (Öl, Gas, Uran, Wasser) des mexikanischen Südostens wirkt insbesondere auch die hohe Biodiversität anziehend für (ausländische) Investoren, immer mit dem (Wunsch-)Ziel vor Augen, die Biotechnologie werde *die* Technologie des neuen Jahrtausends schlechthin. Neben einer immensen Zunahme der Biopiraterie in der von Pflanzenreichtum geprägten Gegend ist auch mit dem verstärkten Anbau genmanipulierter Pflanzen in den geplanten Agrarindustrien zu rechnen.

---

[166] Vgl.: Geopolitik und US-Interessen in Mexiko: Billiglohn als Aufstandsbekämpfung. In: Le Monde diplomatique, 7.6.2001

Bezüglich des Artenreichtums schlägt der PPP vor:

"[...] *alle Hindernisse aus dem Weg zu räumen, die eine optimale Nutzung verhindern und alles daran zu setzen, die Produkte dem nationalen und internationalen Markt zugänglich zu machen, nicht nur dem Nordamerikanischen, sondern auch dem Zentralamerikanischen.*"[167]

Sowohl die lokale Privatwirtschaft, als auch der lokale öffentliche Sektor, müssen sich dem internationalen Kapital unterstellen, wobei die Bevölkerung (Indígenas und Nicht-Indígenas) sowohl von der Planung und Umsetzung, als auch von den Aktivitäten des PPP ausgeschlossen werden und den Multis lediglich den Dienst als billige Arbeitskraft leisten dürfen – unter schlechter Bezahlung versteht sich.[168]

Kritiker sehen im PPP einen Auftrag des US-amerikanischen Präsidenten Bush an seinen mexikanischen Amtskollegen Fox mit dem Ziel, die Integration des Freihandels in Amerika voranzubringen. Die Umsetzung des Plans würde die Schaffung einer Infrastruktur auf dem Niveau der Ersten Welt zur bequemen Ausbeutung der lokalen Arbeitskraft zur Folge haben. Die Realisierung des Projekts wird steigende Landflucht und die weitere Zunahme des Aufkaufs der Böden durch ausländische Investoren mit sich bringen.[169]

Ist das Verkehrsnetz, die sogenannten PPP-Korridore, erst einmal ausgebaut, können die vorhandenen Rohstoffe viel einfacher als bisher ausgebeutet werden; gleichzeitig wird ein idealer Standort für die Industriemüllentsorgung der NAFTA-Länder geschaffen.

Um potentielle Investoren zu halten, muss ihnen Sicherheit geboten werden, was die Regierung mittels einer verstärkten Militarisierung der Gebiete zu erreichen versucht – ein guter Grund zu weiterer Repression und Einschüchterungsmaßnahmen vor allem gegen indigene Gemeinden ist gefunden. Der Plan Puebla Panamá ist wesentlicher Teil des US-Plans, die geopolitische Kontrolle Mittelamerikas und der Karibik zu übernehmen. Eine Hauptrolle bei der Ausarbeitung des Plan Puebla Panamá spielt die US-amerikanische Sicherheitspolitik mit den Zielen der Kontrolle der Migration, des Drogenhandels und der Aneignung der vielfältigen Naturressourcen.[170]

Im Zusammenhang mit dem Chiapas-Konflikt kann der PPP als neue strategische Waffe im Krieg niederer Intensität gegen die aufständischen Zapatisten gesehen werden. Untermauert wird diese These durch die Kriegshandbücher des Pentagon, wonach im Falle eines Konfliktausbruchs auf Repression und militärische Auseinandersetzung eine Phase folgen solle, in der

---

[167] Vgl.: "Der Plan Puebla Panamá und das ALCA", Fijáte No.266 vom 13.8.2002

[168] Vgl.: Ebda.

[169] Vgl.: Geopolitik und US-Interessen in Mexiko: Billiglohn als Aufstandsbekämpfung. In: Le Monde diplomatique, 7.6.2001

[170] Vgl.: "Der Plan Puebla Panamá und das ALCA", Fijáte No.266 vom 13.8.2002

die Regierung und Unternehmer in die Zone investieren müssen. Arbeitsplatzbeschaffung zur Zerstörung der unmittelbaren Lebenswelt der Indígenas, Isolierung der Guerilla und Spaltung der Gemeinden – PPP also als letzte Maßnahme des Kapitals im Krieg gegen die EZLN.
In den vergangenen Wochen häufen sich Meldungen über massive Truppenbewegungen in Chiapas und anderen südlichen Regionen Mexikos. Nicht nur, dass die offensichtlichen Truppenbewegungen mit schleierhaften Ausreden abgetan werden, der Gouverneur von Chiapas, Pablo Salazar Mendriguda, leugnet weiterhin beharrlich die Existenz von paramilitärischen Gruppen. Von einer strafrechtlichen Verfolgung der Paramilitärs ist man noch meilenweit entfernt.
Zwar liegt das Hauptaugenmerk des PPP und des FTAA auf Brasilien und seinem hohen Reichtum an Bodenschätzen und biologischer Vielfalt, aber auch Mexiko bietet aufgrund seiner biologischen Vielfalt Anlass für das Interesse multinationaler Konzerne - gesucht wird nach neuen Rohstoffen für die Gentechnologie. Außerdem ist den Konzernen der Zapatistenaufstand in Chiapas und die daraus resultierende Sensibilisierung eines großen Teils der Zivilbevölkerung weltweit ein Dorn im Auge.

II. 2.2 Artenvielfalt und Biopiraterie in Mexiko

"Was für den Mächtigen auf diesem Land zählt, sind nicht wir, sondern die Ressourcen die sich darin befinden. Und so wird der Baum tot gemacht, um zu Holz zu werden, und das Holz wird zu Geld gemacht, und das Geld zu Wohlstand für die Mächtigen, zu Unheil für uns.[171]

Die Notwendigkeit des Widerstandes wird auch bei näherer Betrachtung der außerordentlich hohen Biodiversität und der Abhängigkeit der indigenen Bevölkerung von eben diesem biologischen Reichtum und der zunehmenden Ausbeutung und Ausrottung deutlich.
Mexiko gehört nach Brasilien und Kolumbien zu den artenreichsten Ländern der Welt in Bezug auf Biodiversität. Dieser Reichtum an Flora und Fauna, an Biotopen und Lebensräumen, wird ergänzt durch einen außerordentlichen Rohstoffreichtum des Landes, so ist Mexiko der sechst-größte Erdölproduzent weltweit. Innerhalb von Mexiko ist die im Süd-Osten des Landes an der Grenze zu Guatemala gelegene Region Chiapas besonders arten- und rohstoffreich: Chiapas ist Mexikos größter Stromproduzent (Hydroenergie), liefert 90 Prozent der nationalen Ölproduktion, besitzt Gasvorkommen und ist Hauptlieferant von Kaffee, Bananen, Kakao, Rindern und Zitrusfrüchten. Aus diesem Reichtum

---

[171] Vgl.: Marcos: 2. Präsentation der EZLN beim Nationalen Indigenen Kongress in Nurio, Michoacán vom 4.3.2001
http://www.amnesty-jena.de/ezln23.htm

heraus erklärt sich auch das Interesse der Regierung am militärisch eigentlich unbedeutenden Aufstand der EZLN, sowie die Vorstöße zahlreicher multinationaler Unternehmen. Dem biologischen Reichtum zum Trotz zählt Chiapas zu den ärmsten Regionen Mexikos; die Bevölkerung besteht zu einem großen Teil aus Indígenas. Die Armut und, durch zahlreiche Maßnahmen der neoliberalen Regierungen der letzten Jahre, sich zunehmend verschlechternden Lebensbedingungen, sowie der Eintritt in die NAFTA haben am 1.1.1994 zu dem Aufstand der EZLN, des *Ejército Zapatista de Liberación Nacional*, und einer Thematisierung der indigenen Rechte und Kulturen auf nationaler und internationaler Ebene geführt[172].

Unter dem Vorwand der Bewahrung und des Managements der Biodiversität wird in vielen Ländern mit hoher biologischer Vielfalt Biopiraterie praktiziert - von Gengiganten wie Monsanto und Syngenta, der Weltbank, Privatinvestoren und sogenannten Umweltschutz-NGO's. Die Weltbank betrachtet Chiapas als "interessante Versuchsgegend für genetisches Engeneering". Viele Pflanzen und Mikroorganismen oder einzelne ihrer Gene werden patentiert, so zum Beispiel der Pozól, die Kanarische Bohne und viele Sorten des mexikanischen Mais.

II. 2.2.1 Die Geschichte des Mais, oder: die subsistenzzerstörerischen Auswirkungen von Gentechnik und Patentrecht

In Teil I war die Rede von den Maßnahmen der Ausrottungspolitik des Weißen Mannes: die "Wilden" werden von ihrem Land vertrieben (bzw. die Lebensbedingungen auf ihrem Land werden derart eingeschränkt, dass die Indígenas praktisch dazu gezwungen werden, das Land zu verlassen), damit der Weiße Mann es in Besitz nehmen, die natürlichen Ressourcen rauben und in Geldreichtum verwandeln kann; dann erfolgt die Zerstörung der selbstversorgenden und autarken Subsistenzwirtschaft mit dem Hintergrund der um ein Vielfaches erhöhten Anfälligkeit für die Verlockungen der industriellen Zivilisation bei Abwesenheit oder eben Zerstörung einer relativ intakten Subsistenzbasis. John Bodley zufolge kann der koloniale Minderwertigkeitskomplex erst dann seine Wirkung entfalten.

Tatsache ist, dass die von den Multis angestrebte Abhängigkeit der Bauern und indigenen Gemeinschaften von ihnen noch nicht in zufriedenstellendem Maße erreicht wurde und nun mit Hilfe von Gentechnik und Patentrecht verstärkt werden und neue subsistenzzerstörerische Ausmaße erlangen soll.

Am Beispiel des Mais, jener wunderbaren Pflanze, die tief in der Mythologie und Geschichte der indigenen Völker Mittel- und Südamerikas verwurzelt ist, soll aufgezeigt werden, wie die Internationalisierung der Agrarproduktion und der Märkte den Gesellschaften Lateinamerikas die Kontrolle über ihre

---

[172] Vgl.: *II. 2.3 Indigener Widerstand*

ureigensten Agrarfrüchte entzog: Mais wird in Mexiko bereits seit 10.000 v.Chr. gegessen und seit 3.000 v. Chr. angebaut. Mais, und die aus den Körnern der nährstoffreichen Pflanze hergestellten Gerichte (u.a. Tortillas, Pozole und Tamales), sind aus der mexikanischen und mittelamerikanischen Diät nicht wegzudenken und sichern das Essen für die Armen. Mit der Rückkehr der ersten Amerikareisenden kam Mais auch auf den europäischen Kontinent. Dort laufen seit dem 18. Jahrhundert Züchtungsversuche zur Erzeugung von Pflanzen zur mechanischen Verarbeitung und Vermarktung. Die erste auf Hybride spezialisierte Saatgut-Firma, *Hybrid Corn Co.* entstand 1926 in den USA, 1935 wurde die Firma zu *Pioneer Hi-Bred*. Der Bedeutung von Hybridpflanzen war man sich bald bewusst: mit der Züchtung von Hybriden gelang es, ein Instrument zu entwickeln, mit dem jeder Bauer vom Saatgutmarkt abhängig gemacht werden konnte. Und der biologische Prozess der Züchtung erwies sich zum Schutz einer Sorte vor der Konkurrenz als ebenso effizient, wie der Schutz durch Eigentumsrechte.[173]

Die *„Grüne Revolution"* brachte dann die neuen Hochertragssorten, sowie eine Reihe chemischer Produkte auf den Markt, die als Paket höhere Erträge versprachen. Die versprochenen Hochleistungen erfüllten sich aber nur für diejenigen, die das Saatgut in Verbindung mit Chemikalien, Wasser und Krediten einsetzen konnten. Als Reaktion auf die Ent-Täuschungen der Grünen Revolution und das verheerende Erntejahr von 1979 räumte die mexikanische Regierung im Zuge einer neuen Ernährungsstrategie 1980 (zum ersten Mal seit vierzig Jahren!) wieder der Selbstversorgung Vorrang ein und erkannte die Schlüsselrolle der Campesinos bei der Verwirklichung dieses Zieles an. Viele Kleinbauern erhielten im Rahmen nationaler Versorgungsprogramme wie z.B. dem *Sistema Alimentario Mexicano* SAM staatliche Modernisierungskredite. Die geliehenen Gelder wurden in subventioniertes Saatgut von Mais und Bohnen, Düngemittel, Pestizide und landwirtschaftliche Maschinen investiert. Die Erträge wuchsen jedoch nicht in dem versprochenen und erhofften Ausmaß und das Ziel, die mexikanische Bevölkerung mit Grundnahrungsmitteln zu versorgen, wurde verfehlt. Darüber hinaus mussten viele Kleinbauern ihre Betriebe wegen Überschuldung aufgeben.

1982 führten die zunehmende Auslandsverschuldung und die international gewandelten Bedingungen des starken Zinsanstieges und des Rohstoffpreisverfalls zum Beginn der Schuldenkrise.[174]

---

[173] Vgl.: Carro, Laura: Papas und Mamais. Konzentrierter Griff nach den ureigensten Agrarfrüchten Amerikas, in: ila, Nr. 183, März 1995, S. 9-12
Vgl.: Esteva, Gustavo: Fiesta – jenseits von Entwicklung, Hilfe und Politik, 2., erweiterte Neuaufl., Frankfurt a.M.: Brandes & Apsel Verlag 1995. S. 120f.
[174] Vgl.: Carro, Laura: Papas und Mamais. Konzentrierter Griff nach den ureigensten Agrarfrüchten Amerikas, in: ila, Nr. 183, März 1995, S. 9-12

Agrarkonzerne der USA stürzten sich wie Geier auf den mexikanischen Markt, kauften den Mais der Campesinos billig auf und verarbeiteten ihn zu Viehfutter oder Schnaps, während der Lebensmittelbedarf Mexikos durch Importe aus den USA abgedeckt werden musste – die Überproduktion der USA hatte einen neuen Absatzmarkt gefunden. Durch die teuren Importe stieg die Auslandsverschuldung weiter und der Weg für die Abhängigkeit Mexikos wurde in Zement gegossen: die Schuldenkrise bahnte den Weg für die Strukturanpassungsprogramme von Internationalem Währungsfonds, Weltbank und eine neoliberale Wirtschaftspolitik. Etwas später kommt die Reform des Artikels 27 dazu, die de facto das Todesurteil für die mexikanische Landwirtschaft und die Kleinproduzenten bedeutet.

Das neoliberale Konzept wurde konkretisiert durch eine rigorose Öffnung der lateinamerikanischen Ökonomien nach außen (weitgehende Zollsenkung, Abbau der Zugangsschranken für ausländische Investoren, keine Restriktionen für das international mobile Geldkapital usw.) und einer weitgehenden Privatisierung von Sozialleistungen vormals staatlicher Unternehmen.[175] Nach dem drastischen Verfall des Peso im Jahr 1995 wurde unter der Federführung von US-Präsident Clinton ein Kreditpaket des Internationalen Währungsfonds über 50 Milliarden Dollar geschnürt – kurzfristig verhinderte die Aktion den Staatsbankrott, mittel- und langfristig wurde die mexikanische Abhängigkeit vom Ausland weiter vergrößert. Der nationale Ölkonzern PEMEX (Petróleos Mexicanos) erwirtschaftet rund 40 Prozent der Staatseinnahmen. Zur möglichst raschen Tilgung arbeiteten die Maschinen von PEMEX auf Hochtouren.

Die pausenlose Ölförderung hatte innerhalb kürzester Zeit katastrophale Umweltschäden zur Folge (saurer Regen, verseuchte Böden durch den rostigen Pipelines entweichendes Öl, Grundwasserverseuchung, Waldbrände usw.).[176] Mexiko wurde international angeprangert, die Hintergründe jedoch kaum beleuchtet.

Und NAFTA hat es geschafft, binnen kurzer Zeit die Lage noch weiter zu verschlechtern: die verbleibende kleinbäuerliche Maisproduktion wurde bereits in den ersten Jahren durch den bedeutend billigeren US-Mais plattgedrückt. Den Frauen, den Campesinos, den Indígenas und den Armen wurde der Zugang und die Kontrolle über ihr wichtigstes Grundnahrungsmittel entrissen: es ist heute in Mexiko billiger, Mais aus den USA zu importieren, als selbst Mais anzubauen. Wird dieser Tendenz nicht bald ein Riegel vorgeschoben, werden Landwirtschaft und Subsistenzwirtschaft zu einem Auslaufmodell gemacht.

---

[175] Vgl.: Boris, Dieter: Zur politischen Ökonomie Lateinamerikas. VSA: Hamburg 2001.

[176] Die Ölindustrie war unter Cárdenas (1934-1940) verstaatlicht worden. Zuvor hatte sich die mexikanische Ölindustrie weitgehend in den Händen von US-Firmen befunden. Die mexikanischen Ölreserven werden zu den aktuellen Preisen auf einen Wert von 850 Milliarden Dollar geschätzt. Die USA haben ihre Hoffnung, eines Tages wieder über direkten Zugriff auf die Ölreserven zu verfügen, niemals aufgegeben.

Angesichts dieses wirtschaftspolitischen Rahmens, in den die mexikanische Realität teils selbstverschuldeter, teils mitschuldiger und teils unschuldiger Weise gezwängt wurde, oder umgekehrt, der um die mexikanische Realität herum gebildet, geformt und ihren Besonderheiten entsprechend angepasst wurde, wird die Notwendigkeit des Widerstandes für die Indígenas, für lokale Gemeinschaften, die Zivilgesellschaft und andere Gruppen der mexikanischen Gesellschaft deutlich.

II. 2.3 Indigener Widerstand

Die Notwendigkeit von Widerstand in Mexiko steht außer Zweifel, auch die Existenz von Widerstand kann nicht (mehr) übersehen oder negiert werden. 500 Jahre Repression, Negierung und Unterdrückung den zahlreichen indigenen Gruppen gegenüber hatten die Entwicklung einer Kultur des Widerstands zur Folge. 500 Jahre kolonialer Beherrschung und Unterdrückung haben katastrophale Effekte in der Kultur der indigenen Völker Mexikos hinterlassen; die einstigen sozialen und politischen Einheiten des präkolonialen Mesoamerica, die Staaten und Besitztümer, die große Territorien und eine zahlreiche Bevölkerung umfassten, wurden zerstört und das "México profundo"- das tiefe Mexiko - wurde auf kleine, lokale Comunidades eingeengt; diese Reduktion des sozialen Raumes hatte die radikale Einschränkung der "Entwicklungs"- Möglichkeiten der Indio-Kulturen zur Folge. Die totale und systematische Verneinung der mesoamerikanischen Kultur, die Kolonialpolitik der Spanier und später der Kreolen und Mestizen zur Auslöschung der indigenen Völker als eigenständige Kulturen, und die ständige Gewalt, denen die Nachkommen der mesoamerikanischen Kultur ausgesetzt waren, hatten kulturelle Veränderungen unterschiedlicher Stärke in den verschiedenen Indio-Völkern zur Folge. Trotz dieser Reduzierung der Lebensräume der einzelnen Völker bestehen die Indio-Völker Mexikos weiterhin und bilden das "México profundo". Der Widerstand läuft in den meisten Fällen gewaltlos ab - Aufstände sind Reaktionen auf Ausschreitungen der Gewalt.[177]

Der mexikanische Anthropologe Guillermo Bonfil Batalla hat es in seinem Standardwerk "México profundo" so ausgedrückt: der Widerstand ist deshalb alltäglich und regelmäßig, weil auch die Gewalt, die auf die Indígenas ausgeübt wird, alltäglich und regelmäßig ist. Widerstand wird dabei nicht um des Widerstands willen betrieben, vielmehr haben die indianischen Völker immer den Traum von Selbstbestimmung vor Augen.

Unter Selbstbestimmung verstehen die Indígenas, die eigenen Verhältnisse selbständig regeln zu können, ohne sich ständig den Regelungen von Großgrundbesitzern, Polizei, Landes- und Bundesregierung, ausländischen

---

[177] Vgl.: Bonfil, Guillermo Batalla. México profundo, Una civilización negada. México D.F., 1994

Institutionen und Konzernen unterwerfen zu müssen[178]. Niemand kennt die Belange, Eigenheiten und Bedürfnisse einer Gruppe besser als die Gruppe selbst. Wieso können also Gemeinden nicht einfach selbst ihre Verhältnisse, nach ihrer eigenen Ordnung, beispielsweise nach dem Recht "usos y costumbres" (Sitten und Gebräuche), regeln? Die mexikanische Regierung wittert hinter den Forderungen nach mehr Selbstbestimmung innerhalb der Gemeinden das Streben nach Abspaltungen, die die Souveränität der mexikanischen Nation in Frage stellen.[179]

Das gewählte Thema "Biopiraterie und Indigener Widerstand" lässt vermuten, dass sich der Widerstand der Indígenas gegen die Biopiraterie oder einzelne ihrer Projekte richtet. Das ist nur bedingt richtig. Natürlich werden Proteste laut, wenn in irgendeinem Ort ausländische Wissenschaftler auftauchen und sich der Biopiraterie durch Raub von Pflanzen oder Ausbeutung des traditionellen Wissens schuldig machen. Der Widerstand der Indígenas ist aber viel umfassender, richtet er sich doch nicht gegen einzelne Vorgehensweisen, sondern vielmehr gegen ein ganzes System, gegen ein Weltbild, das dem ihrem fremd und unerklärlich ist, ihnen gleichzeitig aufgezwungen wird und sie unterdrückt. Der Widerstand gegen eine Firma, die beispielsweise eine Maissorte patentiert, erfolgt nicht aus Antipathie gegen diese Firma, oder weil man selbst den Mais patentieren lassen will, sondern aus dem einfachen Grund, dass es im Weltbild der Indígenas kein "natürliches" Recht auf Privateigentum gibt. Fatalerweise erleichtert gerade dieses Fehlen an Privateigentum die Enteignung von Land der indigenen Gemeinschaften.
Die Vorstellung der unauflöslichen Einheit Mensch-Natur bricht sich mit dem westlichen Denken der Natur als unterwerfbarem Eigentum des Menschen, das zyklische Zeitverständnis mit der Auffassung, dass alles, was ist (Materie, Leben, Kulturen), erscheint und vergeht, um nach Ablauf einer gewissen Zeit wieder zu erscheinen, bricht sich mit der Hektik und Ungeduld des Westens. Die unterschiedliche Auseinandersetzung mit dem Tod liefert ein Beispiel davon. Indígenas müssen nicht erst lernen, sparsam mit den Ressourcen umzugehen, wie es im Westen geschieht - sie üben einen ehrfürchtigen und sparsamen Umgang mit den Gaben der Natur. Diese Ressourcen müssen allen Mitgliedern der Gemeinschaft zur Verfügung stehen, niemand darf Reichtum festhalten, weder materiellen Reichtum, noch Wissen und Weisheit.
Die Indígenas widersetzen sich dem Grundkauf von Konzernen nicht, weil sie höhere Grundstückspreise erreichen wollen, sondern weil sie den ihnen

---

[178] Vgl.: Schmidt, Gerold: Der Indio-Aufstand in Chiapas. Versuch einer demokratischen Revolution, München: Knaur 1996, S. 209

[179] Vgl.: Werlhof, Claudia von: Fragen an Ramona. Die Zapatisten, die indianische Zivilisation, die Matriarchatsfrage und der Westen, in: Mutterlos. Frauen im Patriarchat zwischen Angleichung und Dissidenz, 1. Aufl., München: Verlag Frauenoffensive 1996

traditionell anvertrauten Grund und Boden weiterhin bewirtschaften und auf ihm leben wollen: ein "ejido" ist mehr als der bloße Besitz von einem Stück Land - es ist der physische Raum, der die materielle Grundlage des kulturellen Raums bäuerlicher und indianischer Gemeinschaften darstellt. Der "ejido" ist Ausdruck der eigentümlichen Organisation und Lebenshaltung der indianischen Gemeinschaften. Die Wiederherstellung von Artikel 27 ist also die existentielle, (über)lebensnotwendige Maßnahme für indigene Völker.

II. 2.3.1 Der Aufstand der Zapatisten oder: "Der erste postkommunistische Aufstand des 21. Jahrhunderts" (Carlos Fuentes)

Zwei Stunden nach Inkrafttreten des NAFTA-Abkommens am 1.1.1994 besetzt das *Ejército Zapatista de Liberación Nacional EZLN* mehrere Landkreiszentren in Chiapas. In der ersten Erklärung des Lacandonen-Urwalds erheben die Zapatisten die Forderung nach dem Rücktritt von Präsident Carlos Salinas de Gortari, kündigen den Vormarsch bis Mexiko-Stadt an und erklären der Bundesarmee den Krieg.

Die Forderungen der Zapatisten lauten auf Autonomie der Indígena-Regionen in politischer, wirtschaftlicher und kultureller Hinsicht, die Revision des Freihandelsvertrages mit Kanada und den USA, die Rücknahme der Verfassungsreform des Artikels 27, Entmilitarisierung der ländlichen Gebiete, besondere Aufmerksamkeit für die Rechte und Bedürfnisse der Frauen, sowie dem Bau von Krankenhäuser und der Schaffung unabhängiger Menschenrechtskommissionen.

Der Aufstand der EZLN kann als die erste Erhebung gegen die *Neoliberalisierung einer globalen Weltwirtschaftspolitik*[180] bzw. die Globalisierung des Neoliberalismus bezeichnet werden - erfolgte er doch zeitlich und ideologisch im Zusammenhang mit dem NAFTA-Abkommen, dem Abkommen zum Ausverkauf Mexikos.

Immer wieder betonen die Zapatisten, bis auf wenige Ausnahmen Indígenas, dass sich die Forderungen auf ganz Mexiko beziehen und für die gesamte arme Bevölkerung gelten.

Nach anfänglichen schweren Gefechten der mexikanischen Armee mit der EZLN befiehlt der Präsident am 12. Januar 1994 der Armee den Rückzug. Nationale und internationale Proteste machen eine rasche Niederwerfung des Aufstandes unmöglich. Mit der Zeit wird deutlich, dass die Regierung auf Zeit spielen wird und eine Art Zermürbungstaktik verfolgt, die ihren bisherigen Höhepunkt im PPP finden soll.

---

[180] Werlhof, Claudia von: Mutter-Los. Frauen im Patriarchat zwischen Angleichung und Dissidenz, 1. Aufl., München: Verlag Frauenoffensive 1996. S. 16

In der Zeit nach dem Aufstand[181] kommt es in ganz Chiapas zu Landbesetzungen von Ländereien der Großgrundbesitzer durch Sympathisanten der EZLN und zur Gründung neuer Dörfer, Gemeinden und Landkreise, die sich als zapatistisch und autonom definieren. Dem Rückzug der EZLN Ende Januar in die *Altos de Chiapas* folgt ein bis heute andauernder Krieg niederer Intensität (guerra de baja intensidad), der auf die Zerstörung des sozialen Gefüges der Indiogemeinschaften abzielt.

In den *Botschaften aus dem Lakandonischen Urwald* erklärte die EZLN-Führung immer wieder ihre Verhandlungsbereitschaft mit der mexikanischen Bundesregierung, zugunsten von Gerechtigkeit und anhaltendem Frieden in Chiapas. Die Friedensgespräche zwischen Regierungsvertretern und EZLN führten jedoch bis heute zu keinem Ergebnis - dem im August 1994 gewählten Präsidenten Ernesto Zedillo (PRI) schenkten die Zapatisten von Anfang an keinen Glauben und sie sollten mit ihrer Erwartungshaltung Recht behalten, auch die Hoffnungen vieler Mexikaner und internationaler Beobachter durch die nach 71 Jahren erfolgte Machtablöse der PRI durch den PAN-Kandidaten Vicente Fox, teilten die Zapatisten im Grunde nie.

Unter Zedillo erfolgte die Ent-Täuschung der erhofften Verhandlungsergebnisse als im Dezember 1994 der mexikanische Peso um 15 Prozent abgewertet wurde und wenige Tage später die völlige Freigabe des Wechselkurses erfolgte. Kapitalflucht, Produktionsrückgang, eine Entwertung der einheimischen Währung um über 100 Prozent und eine Inflationsrate von über 50 Prozent führten zu einer andauernden Krise der mexikanischen Wirtschaft. Wohl um den Forderungen ausländischer Kapitalgeber nach einer „Endlösung" im Chiapas-Konflikt entgegenzukommen, verliest Zedillo im Februar 1995 in einer Fernsehansprache den Haftbefehl gegen Subcomandante Marcos und vier weitere angebliche EZLN-Führungsmitglieder. Tatsächlich bildete diese Kriegserklärung an die Zapatistische Armee der nationalen Befreiung den Auftakt zu einer Großoffensive des Militärs gegen die von den Zapatisten befreiten Gebiete. Eine Konfrontation zwischen den beiden Armeen bleibt aufgrund des weiteren Rückzugs der Zapatisten in den Lacandonen-Urwald aus. Nationale und internationale Proteste zwingen Zedillo zu einem Stopp der militärischen Offensive, gleichzeitig spricht er sich für eine Amnestie der Aufständischen aus. Aus dem Amnestieentwurf wird nach

---

[181] An dieser Stelle chronologisch auf die Ereignisse einzugehen, würde bei weitem den Rahmen sprengen und ist auch nicht Thema dieser Arbeit. Empfehlenswert in diesem Zusammenhang ist die Lektüre folgender Werke:
Subcomandante Marcos: Botschaften aus dem Lakandonischen Urwald. Über den Zapatistischen Aufstand in Mexiko, Hamburg: Edition Nautilus 2001 (3. Aufl.)
Esteva, Gustavo: Crónica del fin de una era, México D.F.: Editorial Posada 1994
Schmidt, Gerold: Der Indio-Aufstand in Chiapas. Versuch einer demokratischen Revolution, München: Knaur 1996

zahlreichen Änderungen das „*Gesetz für den Dialog, die Versöhnung und den würdigen Frieden in Chiapas* ".[182]

Die verabschiedete Fassung berücksichtigt Einwände der Nationalen Vermittlungskommission CONAI, der Parlamentskommission *COCOPA (Comisión de Concordancia y Pazificación)* und der EZLN. Nach mehreren Gesprächsrunden, Treffen in San Andrés und San Cristóbal zwischen Teilnehmern von EZLN, Regierung, COCOPA und CONAI und Treffen der kritischen Zivilbevölkerung mit der EZLN (→ Nationaler Demokratischer Konvent CND), stimmen die Zapatisten stellvertretend für eine Vielzahl indigener Völker dem Abkommen mit der Regierung über Indígena-Rechte und –Kultur (→ Abkommen von San Andrés) endgültig zu. Es ist dies das erste konkrete Verhandlungsergebnis seit Beginn des Aufstandes - und es sollte gleichzeitig das letzte bleiben, denn Zedillo schien nie wirklich daran interessiert, das Abkommen von San Andrés umzusetzen. In der Tat wurde das Abkommen, obwohl verabschiedet und der COCOPA zu dessen Umsetzung übergeben, nie umgesetzt. Es wurde nicht einmal in der 2001 erfolgten Verfassungsreform berücksichtigt, dazu später. Die Friedensgespräche wurden unterbrochen und Regierung und Rebellen wechselten für über vier Jahre lang kein Wort miteinander.[183]

250 Militärstellungen, Kasernen und zahllose Kontrollpunkte wurden trotz des geltenden Waffenstillstandes in Chiapas errichtet. Die starke militärische Präsenz in den Comunidades und Dörfern, sowie auf den Hauptverbindungswegen in Chiapas, die einem sofort ins Auge sticht und frau auch zu spüren bekommt, ist ebenso Teil der Einschüchterungstaktik wie die willkürlichen Verhaftungen und die selektive Gewalt. Ständige Kontrolle, Patrouillen, Tiefflüge und Kampfjets sollen Macht demonstrieren.

Diese Militarisierung wurde immer weiter vorangetrieben, auch durch den Aufbau paramilitärischer Gruppen. Nach wie vor wird in Chiapas ein *Krieg niederer Intensität*[184] gegen die soziale Basis und gegen die EZLN geführt. Ziel dieser Kriegstaktik ist es, die zivile Unterstützung der Guerilla zu treffen. Verwirrung, Unsicherheit und Angst unter den Sympathisanten der Aufständischen sollen zu Spaltung und Abbruch des Widerstands führen. Die Machtdemonstration und Einschüchterungstaktiken enden aber nicht selten in

---

[182] Vgl.: Ebda.

[183] Vgl.: Ebda.

[184] Die Strategie der *Guerra de baja intensidad* (Krieg niederer Intensität; *low intensity warfare*) ist eine Art Aufstands- und Guerillabekämpfung und ist den Kriegshandbüchern der USA zu entnehmen. Die Taktiken beruhen auf den Erfahrungen aus dem Vietnam-Krieg der USA. Militärs aus allen lateinamerikanischen Ländern werden seit Jahrzehnten an der "School of the Americas" in Fort Benning, Wisconsin, in dieser Art der Kriegsführung ausgebildet.

Morden, Vergewaltigungen, Folter, Verschleppung, Zerstörung von Ernten und Verwüstung von Häusern usw.[185]

Als tragischer Höhepunkt der Politik des „Krieges niederer Intensität" ging das *Massaker von Acteal* in die Geschichte ein, bei dem am 22. Dezember 1997 Paramilitärs den Weiler Acteal im chiapanekischen Hochland überfielen und 45 Frauen (vier davon waren schwanger), Kinder und Männer massakrierten. *Acteal* gilt bis heute als Wahrzeichen für all jene, die ähnliche Repressionen erleiden mussten, für alle, die für ihren Traum eines wahrhaft freien, demokratischen Mexikos gedemütigt, verfolgt, gefoltert und ermordet wurden. Nicht nur, dass die wahren Verursacher der Massaker unbestraft davonkommen, nein, die Massaker dienen der mexikanischen Regierung als Vorwand, um weitere Militärtruppen in „friedensstiftender und neutraler Mission" nach Chiapas zu entsenden.[186]

Die tatsächlichen Mörder, Vergewaltiger, Folterer und Diebe sitzen in den Reihen der von Großgrundbesitzern angeheuerten Paramilitärs (sogenannten *Guardias Blancas* oder *Unberechenbare).* Jugendliche auf der Suche nach Prestige und Einkommen werden unter dem Befehl lokaler Kaziken[187] von ehemaligen Angehörigen der Sicherheitskräfte und von Ex-Militärs ausgebildet. Das Geld für die teuren Waffen der Paramilitärs wird großteils durch das Umleiten staatlicher Fördermittel für die Landwirtschaft in die Kriegskassen der paramilitärischen Organisationen aufgebracht. Insbesondere gegen das eigens für die Landbevölkerung konzipierte Regierungsprogramm PROCAMPO wurden immer wieder Korruptions- und Manipulationsvorwürfe laut. Hinter den Massakern stecken aber nicht nur die Paramilitärs, sondern in einigen Fällen auch die schwerbewaffnete Gerichtspolizei *Judiciales* und die mexikanische Armee. Im weiteren Sinne aber steckt hinter den brutalen, lebens- und existenzbedrohenden Maßnahmen immer das neoliberale Wirtschaftssystem, das die Indígenas als Individuen negiert, und sie aufgrund ihrer auf Subsistenz ausgerichteten Gemeinschaften zerstören, und sich ihrer Naturressourcen und ihres Wissens bemächtigen will.

Neoliberalismus, Globalisierung und Modernität stehen im Zentrum der Kritik von Subcomandante Insurgente Marcos, dem Sprecher der EZLN, in seinen von Ernsthaftigkeit, Humor und Sarkasmus gekennzeichneten Communiqués. Unverblümt und scharf kritisiert er die Modernität und analysiert ihre *Masken:* Wirtschaftsumstellung, Anpassung an die modernen Zeiten der Globalisierung, der Rationalisierung der öffentlichen Ausgaben, der Abschaffung der

---

[185] Vgl.: Krieg niederer Intensität
http://www.epo.de/specials/chiapas/krieg.html
[186] Vgl.: Krieg niederer Intensität.
http://www.epo.de/specials/chiapas/krieg.html
[187] Caciques (Kaziken) sind die örtlich Mächtigen, wie Großgrundbesitzer, Bürgermeister, Ortsvorsteher

Subventionen, die den freien Wettbewerb und die wirtschaftliche Entwicklung behindern, des internationalen Kampfes gegen den Drogenhandel und des Endes des populistischen Staates.[188]

Die Forderung der Neo-Zapatisten nach "Land und Freiheit" und nach Würde ist mittlerweile zur Hoffnung all der Marginalisierten Mexikos und darüber hinaus geworden, die sich nicht mit einer Art ökonomisch definierter "Endlösung" abfinden wollen. Die Mittel der Neozapatisten sind, im Gegensatz zu denen der Regierung, nicht schwere Waffen, Betrug und Einschüchterungsversuche, sondern Worte, Kreativität, Symbole, Rückbesinnung auf die eigenen Wurzeln, der Ruf nach Autonomie und Aufwertung der Gemeinden.

Autonomie wird von den Indígenas nicht als politisches Konzept der Abspaltung, sondern als *Willensfreiheit,* als Unabhängigkeit von Großgrundbesitzern, Polizei, Landes- und Bundesregierung verstanden. Sie sind der Meinung, dass die Gemeinde ihre Verhältnisse nach ihrer eigenen Ordnung selber ganz gut regeln kann. Der weltweit gültige Sinn des neozapatistischen Anliegens liegt in der Forderung nach einer Neuordnung der strukturellen globalen Veränderungen.

Auch der im Juli 2000 neugewählte Präsident Vicente Fox von der Partei der Nationalen Aktion (PAN) hat im Laufe der bisher zwei-jährigen Amtszeit die Hoffnungen vieler Menschen bitter enttäuscht, die Zapatisten jedoch waren, trotz der Beendigung der 71 Jahre andauernden Macht der PRI, von Anfang an nicht auf die Blendung und das Versprechen, den "Chiapas-Konflikt binnen 15 Minuten lösen zu wollen", hereingefallen. Obwohl der Wahltag sauber und friedlich, wie nie zuvor, verlief und Beobachter von der ersten demokratischen Wahl in Mexiko sprachen, teilten die Neo-Zapatisten und andere indigene Gruppen von vornherein nie die Euphorie vieler. Das System habe wie eine Schlange seine Haut abgestoßen, aber lediglich um eine andere Farbe zu zeigen. Und sie sollten recht behalten: vom ersten Tag an trat der ehemalige Coca-Cola-Manager für einen Ausbau des Freihandels, Privatisierung und höhere Wettbewerbsfähigkeit ein. Fox zeigte zwar, im Gegensatz zu seinem Vorgänger Zedillo, Verhandlungsbereitschaft gegenüber der EZLN und bezeichnete sich selbst (zu Beginn seiner Amtszeit) als Freund der Zapatisten. Er antwortete auf die Forderung der EZLN nach einer Verfassungsreform sogar mit der Einbringung eines Gesetzesentwurfs, der den Indígena-Gemeinden Mexikos weitgehende Autonomierechte einräumen sollte.

Um dieser Forderung nach einer Verfassungsreform, etwa im Sinne der sogenannten *Ley Cocopa,* Nachdruck zu verleihen, sammelte sich die Führung

---

[188] Vgl. Marcos, 5. Erklärung vom Juli 1998. in: Vázquez Montalbán, Manuel: Marcos. Herr der Spiegel. Berlin: Verlag Klaus Wagenbach 2000. S. 29f.

der EZLN am 24. Februar 2001 in San Cristóbal de las Casas zu einem mehrwöchigen friedlichen Marsch auf die mexikanische Hauptstadt. Die 24 Delegierten der EZLN wurden auf ihrem Marsch durch 12 Bundesstaaten von Chiapas nach Mexiko D.F. (Districto Federal, Mexico City) von Menschenscharen begleitet. Aus dem Bundesstaat Oaxaca etwa begleiteten Vertreter von über 80 Organisationen die EZLN. Auch das Medieninteresse an der „marcha indígena" war groß und sorgte für eine euphorische Stimmung, die Aussichten auf Gespräche für eine Gesetzesreform zu den Rechten und der Kultur der Indígenas schienen näher denn je. Auf der letzten Etappe der „marcha indígena" von Xochimilco am südlichen Rand von Mexiko City zum Nationalpalast im Zentrum der mexikanischen Hauptstadt am 9. März 2001 wurden die EZLN-Delegierten von rund 200.000 Menschen begleitet. Der krönende Abschluss des Zapatisten-Marsches war für viele die live im Fernsehen übertragene Rede der Indígena-Kommandantin Esther vor dem Parlament. Die Aussichten auf einen Frieden in Chiapas und die Verabschiedung des Gesetzesentwurfs über die Kultur und Rechte der Indígenas schienen realistisch, die herbe Enttäuschung folgte aber auf dem Fuß: kaum hatte die EZLN die mexikanische Hauptstadt verlassen, wurde der Gesetzesvorschlag verstümmelt. Das im April 2001 von Senat und Abgeordnetenhaus tatsächlich verabschiedete Indígenagesetz (bzw. die Gesetzesreformen, die teilweise Verfassungsrang haben) weicht in wesentlichen Punkten von der ursprünglichen Vorlage ab und widerspricht sowohl den indianischen Gemeinden, als auch den vorherigen Vereinbarungen mit der EZLN.

Der Geist des Abkommens von San Andrés aus dem Jahr 1996, auf den der Vorschlag der Parlamentskommission *COCOPA* zurückging, wurde nicht beachtet, obwohl verschiedene Seiten immer wieder forderten, sich an diesem, bisher einzigen, Konsens zu orientieren. Den indigenen Völkern wurde im verfassungsändernden Gesetz, das im August 2001 in Kraft trat, lediglich der Status als *Subjekte öffentlichen Interesses* zugestanden, nicht jedoch der Status als *Subjekt öffentlichen Rechts mit Rechten und Pflichten,* was bedeutet, dass die indigenen Gemeinden ihre Rechte nicht kollektiv wahrnehmen können, sprich: das Recht zum Zusammenschluss indigener Gemeinden in autonome Regionen mit legaler und politischer Kompetenz wird ihnen verweigert. Das Recht der Indígena-Völker auf Selbstbestimmung und Autonomie wurde auf die Gemeinde-Ebene beschränkt, das Konzept der Territorialität ersatzlos gestrichen. Das Konzept der Territorialität aber spielt als materielle Grundlage für das gesellschaftliche Leben eine zentrale Rolle und gilt als Ausdruck der unauflöslichen Einheit von Mensch-Erde-Natur im Denken und der Lebensgestaltung der Indígenas. Aus der kollektiven Nutzung der Naturschätze durch die Gemeinde wurde die „preferenzielle" Nutzung der Naturschätze an den Orten, die die Gemeinden bewohnen und besitzen. Die Ausbeutung der

natürlichen, unterirdischen Ressourcen auf eigenem Land und Territorien wurde nicht in das Gesetz aufgenommen - die Anerkennung der besonderen Rechte von Ethnien (z.B. kollektiver Bodenbesitz) wurde den Verfassungen und Gesetzen der jeweiligen Bundesstaaten überlassen.
Weitere Änderungen schränken die Rechte im Vergleich zur 1996 in der COCOPA konsensierten Fassung ein. Das neue Indígena-Gesetz stellt einen dramatischen Rückschritt der gesetzlich anerkannten Rechte und Interessen indigener Völker in Mexiko dar und bleibt hinter bereits existierenden Abkommen zurück: das neue Gesetz berücksichtigt nicht die Existenz der 1991 von Mexiko unterzeichneten und ratifizierten ILO-Konvention 169 *"über eingeborene und in Stämmen lebende Völker in unabhängigen Ländern"* und entspricht weder dem Abkommen von San Andrés, noch der zu dessen Umsetzung ausgearbeiteten Gesetzesinitiative der Parlamentskommission COCOPA. Einen besonderen Rückschritt gegenüber bisher geltendem Gesetz stellt die Verfassungsreform für die indigene Bevölkerung des Bundesstaates Oaxaca dar. Nachdem im Laufe des vergangenen Jahres 330 Verfassungsklagen von Seiten der indigenen Völker eingebracht wurden, haben diese vor wenigen Tagen erneut einen Schlag ins Gesicht erhalten: der Oberste Gerichtshof hat sich Anfang September 2002 für nicht zuständig erklärt, über die Verfassungsrechtlichkeit des umstrittenen Gesetzes zu entscheiden. Die Hoffnungen, auf legalem Wege eine Veränderung zu erreichen, wurden damit zunichte gemacht.[189]
Die Verfassungsänderung im vergangenen Jahr hatte den Abbruch der Kontakte der EZLN mit der Regierung zur Folge. Die EZLN zog sich zurück und die Kommandanten fielen in eine anhaltende Schweigeperiode. Die Aufnahme der Verträge von San Andrés waren Kernpunkt des zapatistischen Kampfes seit der Unterzeichnung der Dokumente im Jahre 1996 im Tzotzil-Hochland von Chiapas durch 21 Kommandanten und Vertreter der mexikanischen Regierung unter dem damaligen Präsidenten Ernesto Zedillo. Die EZLN machte seither die Erfüllung der Verträge von San Andrés zu einer Voraussetzung für jedes weitere Friedensgespräch mit der Bundesregierung.
Präsident Fox seinerseits hat fast über Nacht das Thema Zapatisten und sein Versprechen, den Konflikt binnen 15 Minuten lösen zu wollen, vergessen. Es kommt der Verdacht auf, dass die Eingabe Fox' des Gesetzesentwurfs im Parlament und die tatsächliche Verabschiedung des Gesetzes, die in die entgegengesetzte Richtung (also Beschneidung bereits bestehender Rechte) erfolgte, Teile eines abgekarteten Spiels zwischen Präsident und führenden Abgeordneten sind. Und der Plan Puebla Panamá gilt mittlerweile nicht mehr

---

[189] Vgl.: Schmidt, Gerold: Oberstes Gericht lehnt Verfassungsklage gegen Indígena-Gesetz ab, in: Poonal Nr. 539 vom 10.9.2002

nur in kritischen Kreisen als Maßnahme der Regierung im Krieg niederer Intensität zur "Endlösung" der Chiapas-Krise.
Hinter Fox stehen dieselben mexikanischen Unternehmen mit transnationaler Reichweite, die auch seinen Vorgänger Zedillo an die Macht gebracht und gestützt haben. Dies wird einerseits im Indígena-Gesetz deutlich, das klar die Handschrift derjenigen trägt, die sich vor einer Sonderstellung der Indígenas fürchten und in den Kollektivrechten einen Angriff auf das Privateigentum sehen. Andererseits bemüht sich Fox weiterhin, im Ausland und vor den Großgrundbesitzern im eigenen Land Optimismus zu zeigen, um die Investoren nicht abzuschrecken. Weitere Anzeichen für die tatsächliche Position Fox' in Sachen Menschenrechte ist die Haltung der Regierung und auch der Justiz in einigen Mordfällen, so unter anderem im Mordfall Digna Ochoa: während die Hintergründe des Mordes vom 19. Oktober 2001 an der Menschenrechtsanwältin eindeutig in deren Engagement für verschuldete Bauern liegen, die den Organisationen des Widerstandes gegen den Raubbau an den Wäldern angehörten, behaupten die Ermittler, eindeutige Beweise für eine Selbstmordversion zu haben und den Fall deshalb in naher Zukunft abschließen zu können.
Amnesty International, die Internationale Liga für Menschenrechte, die Internationale Zivile Beobachtungskommission für Menschenrechte und verschiedene Nichtregierungsorganisationen aus Chiapas sind sich über die schlechte Situation der Menschenrechte in Mexiko einig. Einstimmigkeit herrscht auch darin, dass die indigenen Völker die hauptsächlichen Opfer der regelmäßigen Menschenrechtsverletzungen sind. Die in den letzten Monaten in Chiapas sich häufenden Gewalttaten gegen Zapatisten in autonomen Bezirken haben den lokalen Nichtregierungsorganisationen zufolge dieselben Urheber. Die Zapatisten selbst beschuldigen in der Mehrzahl der Fälle bewaffnete, der PRI nahestehende Gruppen, die Paramilitärs. Besorgniserregend in diesem Zusammenhang ist die Tatsache, dass die Eskalation der Gewalt zu einer drastischen Verschlechterung des Zusammenlebens zwischen Zapatisten und anderen indigenen Organisationen im Gebiet der Selva Lacandona (Lakandonischer Urwald) geführt hat. Die gegenseitigen Beschuldigungen werden ausgelöst durch die öffentlichen Stellungnahmen von Regierungsvertretern, die anstatt an der Wahrheitsfindung vielmehr daran interessiert sind, benachbarten Gemeinden die Schuld an den Massakern zu geben, mit der Begründung, lokale Streitigkeiten seien die Hintergründe für die Morde. Vor diesem Hintergrund ist die plötzliche Erkenntnis der Bundesautoritäten zu sehen, dass in Mexiko rund 5000 Agrarkonflikte bestehen und in Chiapas ein Großteil der sozialen und politischen Probleme mit landwirtschaftlichen Themen zusammenhängen. Ausgehend von den offiziellen Stellungnahmen kommt es häufig zu gegenseitigen Beschuldigungen zwischen den Autoritäten der autonomen Bezirke und den Führern verschiedener

indigener Organisationen. Auch durch die Beschuldigung meist benachbarter Gemeinden oder Gemeinschaften als Urheber für Gewaltakte und Morde, wird ein Keil zwischen die verschiedenen indigenen Organisationen getrieben und weitere Konflikte angeheizt. In der Tat bleibt die Landfrage ein ständiger Spannungsfaktor und stehen die Agrarkonflikte hauptsächlich in Verbindung mit der indigenen Bevölkerung. Allerdings ist der Zeitpunkt und die Methodik der Regierung, den Agrarkonflikt als relevant für Indigene Gemeinschaften anzuerkennen, bewusst gewählt: er dient als Rechtfertigung für die zahlreichen Auseinandersetzungen im Konfliktgebiet Chiapas und rechtfertigt gleichzeitig die erneut zunehmende Militarisierung des Gebietes. Dass die Gewalttaten letztendlich gegen die autonomen zapatistischen Bezirke gerichtet sind, ist auch kein Zufall. Durch gegenseitige Beschuldigungen, geschürt von den Stellungnahmen von Behördenvertretern und der zunehmenden Repression, wird eine Spaltung der indigenen Gemeinschaften erreicht, und Kontroll- und Manipulationsmaßnahmen der Regierung, wie z.B. Landwirtschaftsprogramme (die in der Vergangenheit immer der Kontrolle und meist dem Stimmenkauf dienten), können leichter greifen.

Nichts spricht mehr dafür, dass sich mit dem Führungswechsel von PRI auf PAN ein Frieden in Chiapas abzeichnet, von einer Lösung der Misere in Chiapas und in den anderen negierten, unterdrückten Gebieten und Gemeinschaften Mexikos oder einer Umkehr vom neoliberalen Programm ganz zu schweigen.

II. 2.3.2 Indigener Widerstand über den Zapatisten-Aufstand hinaus

Die Indígenas geben den aussichtslos erscheinenden Kampf um mehr Rechte und eine tatsächliche Anerkennung dieser Rechte, sowie den Widerstand gegen Großprojekte, die ihren Lebensraum und ihre Lebensgrundlagen zerstören, nicht auf.

Die 330 Verfassungsklagen gegen das im vergangenen Jahr vom Parlament verabschiedete "Gesetz über indigene Rechte und Kultur" wurden zwar vom Obersten Gerichtshof als unzulässig abgelehnt, es werden jedoch neue Formen des Widerstandes gesucht. Zum einen besteht die Möglichkeit, sich an internationale Organisationen, wie die Internationale Arbeitsorganisation ILO, die Interamerikanische Kommission für Menschenrechte oder die UNO zu wenden, Entscheidungen der internationalen Organisationen haben aber auf nationaler Ebene keine Mittel zur Durchsetzung. Am wahrscheinlichsten ist deshalb die Erklärung der außergesetzlichen Autonomie der indigenen Völker. Indígena-Organisationen aus dem Bundesstaat Oaxaca haben beispielsweise angekündigt, verstärkt eine de facto-Selbstverwaltung ihrer Gemeinden nach dem Vorbild der autonomen Landkreise in Chiapas durchsetzen zu wollen.[190]

---
[190] Vgl.: Schmidt, Gerold: Oberstes Gericht lehnt Verfassungsklage gegen Indígena-Gesetz ab. Poonalaussendung Nr. 539 vom 10.9.2002

Im vergangenen Jahr hatte der Nationale Indigene Kongress in Michoacán in einer Resolution zur Ausrufung der Autonomie aufgerufen, falls der Bundeskongress die Prinzipien der Verträge zu Fall bringen werde. Bereits heute funktionieren neben den 38 zapatistischen autonomen Bezirken in Chiapas auch im südlichen und mittleren Mexiko einige selbsterklärte "autonomías". Auch in anderen Bundesstaaten wird mit entsprechenden Maßnahmen und allgemein mit einer Radikalisierung der indigenen Bewegungen in Mexiko gerechnet.[191] Sollte es tatsächlich zu weitverbreiteten Autonomieerklärungen kommen, werden weitere Unruhen nicht zu vermeiden sein. Fox wird sich jedenfalls in seinen verbleibenden vier Amtsjahren nicht langweilen - dem Widerstand der indigenen Völker und vieler Organisationen sei Dank.

In San Cristóbal de las Casas, Chiapas, fand vom 5. bis 7. Juli 2002 das "Nationale Treffen für Frieden mit Gerechtigkeit und Würde" statt. Über 1000 Indigene und Nicht-indigene von 285 Organisationen aus 23 mexikanischen Bundesstaaten und 13 Ländern waren dem Aufruf des emeritierten Bischofs von San Cristóbal de las Casas und Vertreter der Interessen der Indígenas, Samuel Ruíz[192], gefolgt. Auf dem Treffen wurde die Aktualität und vor allem der

---

[191] Vgl.: Schmidt, Gerold: Oberstes Gericht lehnt Verfassungsklage gegen Indígena-Gesetz ab. Poonalaussendung Nr. 539 vom 10.9.2002

[192] Samuel Ruíz García wurde 1924 im mexikanischen Bundesstaat Guanajuato als Sohn einer armen Landarbeiterfamilie geboren. Nach Beendigung des Theologiestudiums in Rom und seiner Priesterweihe im Jahr 1949 wurde er 1960 Bischof der Diözese San Cristóbal de las Casas und damit ein Nachfolger des Dominikanerbischofs Bartolomé de las Casas, der im 16. Jahrhundert für die Rechte der indianischen Urweinwohner eintrat (Siehe *II. 1.3. Negierung der Vielfalt – oder: Die Projezierung eurozentristischer Vorstellungen auf das Andere*). Ruiz engagierte sich von Anfang an für die indigene Bevölkerung, die über 80 Prozent der Bevölkerung in seiner Diözese stellt. Als sich Anfang der 80er Jahre in Mexiko aufgrund der wirtschaftlichen Strukturanpassungsmaßnahmen die sozialen Konflikte in Chiapas verschärften und zunehmend Forderungen der indianischen Bevölkerung laut wurden, nahm die Repression im südlichen Bundesstaat rapide zu. Auch MitarbeiterInnen der Diözese San Cristóbal waren von den Repressionen betroffen, woraufhin Samuel Ruíz 1989 das mittlerweile bedeutendste Menschenrechtszentrum Mexikos "Fray Bortolomé de las Casas" gründete. Auch gegen den Widerstand seiner Amtskirche prangerte Ruíz García die unwürdigen Lebensbedingungen der Indígenas an und verurteilte die negativen Auswirkungen der neoliberalen Wirtschaftspolitik. Der Bischof wurde dadurch zu einem Sprecher derjenigen, denen in der mexikanischen Gesellschaft keine Stimme zugestanden wird. In der militärischen Auseinandersetzung zwischen Regierung und EZLN galt (und gilt) Ruíz García als wichtiger Vermittler; so führte er auch den Vorsitz der nationalen Vermittlungskommission CONAI, der es bis zum Jahr 2001 immer wieder gelang, die beiden Konfliktparteien an einen Verhandlungstisch zu bringen. Er prangerte zwar die Gewalt an, äußerte aber auch Verständnis für die Anliegen der EZLN. Von Seiten der wirtschaftlich und politisch einflussreichen Kreise in Mexiko wurde er immer wieder beschuldigt, die Unruhen provoziert und dem Ansehen des Landes geschadet zu haben. Auch im Vatikan wurde

internationale Charakter dessen, worum es in der Chiapas-Frage geht, betont. Hauptziel des Treffens war die Festigung der Beziehungen zwischen indigenen Bewegungen, sozialen Bewegungen und Bürgerbewegungen. Im Rahmen von drei Schwerpunktthemen wurde der Aufbau von Alternativen der Äußerung und Beteiligung der nationalen und internationalen Zivilgesellschaft für Frieden mit Gerechtigkeit und Würde diskutiert.

Oberstes Ziel des Kongresses war die Wiederaufnahme des Dialoges für den Frieden und im weitesten Sinne des Dialoges innerhalb der verschiedensten Teile der Zivilgesellschaft. Tatsächlich war es nach der anfänglichen Euphorie im Anschluss an den Zapatisten-Aufstand im Jänner 1994 sowie einem weiteren Sensibilisierungsschub nach dem Massaker von Acteal 1997 zu einer Lähmung der Mobilisierung gekommen. Die Wiederbelebung der sozialen und zivilen Kräfte war nötig, um die Spaltung der Zivilgesellschaft nach den Präsidentschaftswahlen im Jahr 2000 abzuwenden. Die Zivilgesellschaft schaffte es wieder, ein Zeichen zu setzen, zu beweisen, dass die Bereitschaft, sich aktiv am Friedensprozess beteiligen und mitarbeiten zu wollen, weiterhin besteht.

Auch Proteste gegen Megaprojekte und multinationale Abkommen werden zunehmend laut. Um gemeinsam gegen die Auswirkungen der NAFTA vorzugehen, haben sich Leute aus dem US-amerikanischen und mexikanischen Kalifornien zusammengetan; so wurde bei einem Treffen in Tijuana im Sommer 2001 ein gemeinsamer Aktionsplan im Kampf gegen die Privatisierung des Wassers, gegen Umweltzerstörung, biologischen Raubbau und die Maquiladoras ausgearbeitet.

Der PPP ist oft Gegenstand von Treffen der betroffenen Bevölkerung und der engagierten Zivilbevölkerung. Im Mai dieses Jahres trafen sich in Tehuántepec (Bundesstaat Oaxaca) VertreterInnen verschiedener Kommunen des Bundesstaates Oaxaca zum "Ersten Kongress indigener Gemeinden aus der Isthmus-Region". Das Gebiet in der Meeresenge von Tehuántepec ist in besonderem Ausmaß vom PPP betroffen: zur Entlastung des Panama-Kanals soll eine Verkehrsverbindung zwischen dem Golf von Mexiko und dem Pazifik geschaffen werden. Weiters soll eine Autobahn durch den Isthmus führen, um Oaxaca mit dem pazifischen Badeort Huatulco zu verbinden.[193] Beide Projekte sind einzelne Bausteine des PPP.

Bereits Anfang Mai hatten sich 250 Delegierte aus 52 indigenen und anderen Basisorganisationen in Tapachula (Bundesstaat Chiapas) zum "Ersten mesoamerikanischen Bauerntreffen" eingefunden. Der Plan Puebla Panamá wurde einstimmig zurückgewiesen, da es *"ein Projekt der rohen Kolonisierung*

---

mehrfach seine Amtsenthebung gefordert. Anfang 2000 ist Bischof Ruiz in den Ruhestand getreten.
[193] Vgl.: "Widerstand gegen Plan Puebla Panamá wächst." Poonalaussendung Nr. 523 vom 21.5.2002

ist, das unseren Boden, unsere Kulturen, die Pflanzenvielfalt und die natürlichen Ressourcen in einem Gebiet von 102 Millionen Hektar mit hohem produktiven Niveau zerstört." [194]

Tapachula war bereits ein Jahr zuvor, im Mai 2001, Schauplatz eines besonderen Treffens: 250 Delegierte von über 100 Organisationen hatten sich zu einem Forum für Information, Analyse und Perspektiven unter dem Titel *"El Pueblo es Primero frente a la Globalización"* (Die Menschen [das Volk] kommen vor der Globalisierung) getroffen und dem Treffen ein zweites im November 2001 in Xelajiú (Guatemala) mit über 800 TeilnehmerInnen folgen lassen. In mehreren Arbeitsforen zu Themen wie "Megaprojekte- Indigene Völker- Natürliche Ressourcen", "Bäuerliche Landwirtschaft und Globalisierung" und "Indigene Völker und Internationale Zusammenarbeit" wurde über die Diskussion der negativen Auswirkungen des neoliberalen Kapitalismus hinaus nach Perspektiven und Strategien gesucht. Beschlossen wurde eine Ausdehnung der Informations- und Aufklärungsarbeit, die Ausarbeitung eines Alternativvorschlages der Basisorganisationen unter dem Titel "Zentralamerikanisches Abkommen für die Demokratie und die Entwicklung der Bevölkerung", sowie eine zentralamerikaweite Consulta (Ratschlag/ Befragung, nach dem Vorbild der zapatistischen Consultas).[195]

In Managua (Nicaragua) haben vom 16. bis 18. Juli dieses Jahres über 1000 VertreterInnen von über 350 Organisationen über die Auswirkungen der Globalisierung debattiert. Die Schlusserklärung dieses III. Mesoamerikanischen Forums beinhaltet eine klare Absage an das kapitalistische System, das "jegliche Form von politischer, wirtschaftlicher, sozialer und kultureller Organisation dominiert". Die TeilnehmerInnen sprachen sich in Arbeitsgruppen klar gegen das Freihandelsabkommen FTAA und den Plan Puebla Panamá aus. Solche Abkommen würden einem nachhaltigen Entwicklungsmodell widersprechen, die Armut verschärfen und in noch größere Verschuldung führen.[196]

Auch in den USA beginnt die kritische Zivilbevölkerung über die verheerenden Folgen des PPP aufzuklären, stößt aber großteils noch auf taube Ohren. Dennoch, die Kritik am NAFTA-Abkommen wird auch in den USA, ausgehend von einer zivilen Bewegung, immer lauter. Im Isthmus von Tehuántepec wehrt sich die Bevölkerung gegen die Ausbeutung ihrer Heimat als industrieller Korridor. In den Bundesstaaten Puebla, Oaxaca und im östlichen Morelos haben Besitzer der für den PPP "auserwählten" Landparzellen erklärt, dass man sie nur tot von ihrem Land herunterbrächte. Bisher beißen Regierung und Behörden auf Granit, obwohl der angebotene Grundstückspreis um ein Vielfaches erhöht

---

[194] "Widerstand gegen Plan Puebla Panamá wächst". Poonalaussendung Nr. 523 vom 21.5.2002

[195] Vgl.: Der Plan Puebla Panamá und das ALCA, in: Fijáte No. 266 vom 13.8.2002

[196] Vgl.: Der Plan Puebla Panamá und das ALCA, in: Fijáte No. 266 vom 13.8.2002

wurde. Noch erklären die Bauern, dass sie ihren Grund und Boden wollen, und kein Geld. Wie lange die Campesinos den Verlockungen des Geldes widerstehen können, bleibt abzuwarten. Präsident Fox und Florencio Salazar, ehemaliger Koordinator des Plans, haben jedenfalls auf die Kritik und Ablehnung der sozialen und indigenen Organisationen Mittelamerikas gegen den PPP geantwortet, dass nichts ohne Zustimmung der BewohnerInnen geschehen werde.
Gleichzeitig leisten in den Bundesstaaten Chiapas und Oaxaca verschiedene Organisationen, trotz starker Repression, Widerstand gegen den fortschreitenden Raubbau an den noch übriggebliebenen Wäldern.[197] Die Repression ist zur Zeit vor allem in Chiapas sehr hoch, so wurde im August eine besorgniserregende Eskalation der Gewalt in autonomen Bezirken der Selva Lacandona registriert.

Einen kleinen Sieg im Kampf um ihre Grundstücke haben Bauern von San Salvador Atenco erzielt: Präsident Fox hatte im Oktober 2001 Pläne für den Bau eines neuen internationalen Flughafens am östlichen Rand von Mexiko-City verkündet. Per Dekret hatte Fox die Enteignung von mehr als 5.000 Hektar Land von 13 betroffenen Dörfern der Gemeinden Atenco und Texcoco zu einem Preis von sieben Pesos (weniger als 1 Euro) pro Quadratmeter verfügt. Für beinahe 4.000 Familien hätte dies die Vertreibung aus ihren Dörfern und die Aufgabe ihrer Existenzgrundlage, dem Anbau von Mais und Bohnen, bedeutet. Nach mehreren Verhandlungsrunden zeigten sich die Campesinos der meisten Gemeinden der Region Texcoco bereit, zu 50 Pesos pro Quadratmeter zu verkaufen. Nicht aber so die Gemeinde San Salvador Atenco, die in größerem Ausmaß von der Aufgabe ihres Bodens betroffen gewesen wäre. Am 1. August 2002 erklärte Fox schließlich, die Pläne zum geplanten Großflughafen seien aufgegeben worden - der Flughafen in der Region Texcoco werde nicht gebaut. Angeblich sei es wichtiger, "den sozialen Frieden, die Stabilität und den Rechtsstaat" zu sichern. In der Zwischenzeit wurden Hinweise auf Alternativen für einen vergrößerten Flughafen im Zentrum des Landes bekannt. Während Vertreter der Wirtschaft kritisierten, dass man mit der Aufgabe des Projektes den Respekt vor dem Privateigentum und dem Rechtsstaat aufgegeben und internationale Investoren abgeschreckt habe, herrscht unter den Campesinos Skepsis. Kritische Beobachter bezeichnen die Entscheidung der Regierung Fox als strategischen Rückzug. Weiters existiert bisher[198] kein offizielles Dokument, das das Zwangsenteignungsdekret vom 22. Oktober 2001 aufhebt. Auch wenn Skepsis und Vorsicht ob des angeblichen Sieges angebracht sind, ist der Erfolg der Campesinos von San Salvador Atenco dennoch beachtlich - wurde der Regierung doch in aller Deutlichkeit gezeigt, dass man mit den Bauern und

---

[197] Vgl.: Mellmann, Patricia: Globale Wirtschafts-, Geo- und Biopolitik am Beispiel Mexikos und Lateinamerikas. Skript zu Radiosendung über PPP und ALCA.
[198] Stand 5.8.2002, Anm.d.A.

vielen anderen betroffenen und nicht direkt betroffenen Bürgern, den (wenn auch nur mittelmäßigen) Überredungskünsten, (schleierhaften) Ausreden und (bereits in der Vergangenheit nicht eingehaltenen) Versprechen zum Trotz, kein leichtes Spiel hat. Und die Vorgehensweise der Bauern und der unterstützenden sozialen Sektoren dient bereits jetzt den zahlreichen Organisationen Mittelamerikas, die sich Großprojekten entgegensetzen, als Vorbild.

Zu erwähnen sind auch globale Treffen wie jenes im brasilianischen Porto Alegre, mit 50.000 Teilnehmern aus aller Welt, die einer breiten Öffentlichkeit die Anliegen der Globalisierungskritiker und die Folgen von Globalisierung, Freihandelszonen, Biopiraterie usw. näher bringen und so zu einer Sensibilisierung und Bewusstwerdung der Auswirkungen für Indígenas und Nicht-Indígenas, für sogenannte Dritte-Welt-Länder und auch für Länder der sogenannten Ersten Welt beitragen.

II. 2.3.3 ICBG MAYA - Widerstand gegen Biopiraterie

Widerstand gegen Biopiraterie fällt in den indigenen Gemeinschaften unter Widerstand im Allgemeinen und gehört zum Alltag, zum täglichen Leben. Auch aufgrund der Geheimhaltungspolitik der multinationalen Konzerne werden kaum Biopiraterieprojekte bekannt und noch weniger erfolgreicher Widerstand gegen Biopiraterie. In Mexiko kann das Projekt ICBG-Maya in der Region Chiapas als Fall von Biopiraterie und der Widerstand der indigenen Organisationen gemeinsam mit anderen Nicht-Regierungs-Organisationen dagegen als Sieg im Kampf gegen Biopiraterie bezeichnet werden.

Wie bereits erwähnt, gehört die Region Chiapas im mexikanischen Süden zu den artenreichsten Regionen der Welt. Trotz dieses biologischen Reichtums zählt die Region zu den ärmsten Mexikos mit einem hohen Anteil an Unterernährung, fehlender medizinischer Versorgung und großer Armut.

Das Projekt ICBG-Maya war Anfang der 90er Jahre von der Gruppe *International Cooperative Biodiversity Groups* ICBG der US-Regierung ins Leben gerufen worden. ICBG ist der Zusammenschluss von *National Institutes of Health, Biological Sciences Directorate of the National Science Foundation* und *Foreign Agriculture Service of the USDA* als beteiligte Institute, sowie mehreren kooperierenden nationalen Instituten[199].

---

[199] Die kooperierenden nationalen Institute sind: *Fogarty International Center, National Cancer Institute, National Institute of Allergy and Infectious Diseases, National Institute of Mental Health, National Institute on Drug Abuse* und *National Heart, Lung and Blood Institute.*
Vgl.: International Cooperative Biodiversity Groups. Introduction. http://www.nih.gov/fic/programs/icbg.html

Der Zusammenschluss dieser privaten und öffentlichen Institutionen erfolgte, weil sie dringenden Handlungsbedarf in der Bedrohung der Biodiversität sahen. Der Hintergrund des plötzlich aufgetretenen Interesses an Biodiversität liegt in der Annahme des ICBG, dass in den nächsten 10 Jahren zwischen 10 und 40 Prozent von Arten der Flora und Fauna aussterben werden und dem Wissen, dass ein hoher Anteil der heutigen medizinischen Produkte (etwa 40-50 Prozent) ihren Ursprung in Naturprodukten haben. Seine Aufgabe sieht ICBG im Sammeln und Aufbewahren der genetischen Ressourcen - von Programmen zum Schutz oder der nachhaltigen Nutzung der Ressourcen war allerdings nie die Rede. Im Jahr 2001 war ICBG in mehreren Ländern in Lateinamerika, Afrika und Asien tätig.

Das Projekt des ICBG in Chiapas, ICBG-Maya, war im September 1998 unter dem Namen *"Investigación farmacéutica y uso sustentable del conocimiento etnobotánico de la región maya de los Altos de Chiapas"*[200] mit 2,5 Millionen Dollar und einer Laufzeit von fünf Jahren ins Leben gerufen worden. ICBG-Maya ist die Zusammenarbeit zwischen der *"Foundation of Investigation"* der Universität von Georgia - Athens, dem *"El Colegio de la Frontera Sur"* (ECOSUR)[201] und der walisischen Firma *"Molecular Natur Limited"* (MNL). Das Projekt war von den USA bewilligt und später von der Universität von Georgia, ECOSUR und MNL unterzeichnet worden. Die geplante Gründung einer Vereinigung zur angeblichen Vertretung der indigenen Interessen mit dem Namen PROMAYA kam hingegen nie zu Stande. ECOSUR mit Sitz in Chiapas war mit der Aufgabe der Organisation und der Koordinierung des Sammeln von Pflanzen, zum Teil in Zusammenarbeit mit den indigenen Gemeinden vor Ort, betraut worden, während die Universität von Georgia das Material in die Vereinigten Staaten brachte und dort verschiedene Testreihen mit den Pflanzen durchführte. Bei positiven Reaktionen in Bezug auf medizinische Aktivität wurde das Material dann nach England transportiert, dort gensequenziert und eventuell Patente darauf angemeldet.[202]

Dr. Brent Berlin, ICBG-Maya-Direktor und Anthropologe an der Universität von Georgia, hatte im Mai 2000 stolz erklärt, dass bereits 5.961 Pflanzenarten gesammelt worden seien, jede mit jeweils 7 Duplikaten.[203]

Wesentlich für das Scheitern des Projektes war die Initiative verschiedener nationaler und internationaler Organisationen und insbesondere der indigenen Widerstandsbewegung *Consejo Estatal de Organizaciones de Médicos y*

---

[200] *"Drug Discovery And Biodiversity Among The Maya in Mexico"*
[201] ECOSUR ist eine mexikanische Institution die in erster Linie von privatem und größtenteils von ausländischem Kapital finanziert wird.
[202] Vgl.: COMPITCH/RMAL/CIEPAC: Pukuj, Biopiratería en Chiapas, San Cristóbal de Las Casas, Mexiko. 2000. S.13f.
[203] Vgl.: RAFI (heute: "ETCgroup"): Parar la biopiratería en México: Organizaciones indígenas de Chiapas reclaman moratorio inmediata, http://www.etcgroup.org

Parteras Indígenas Tradicionales de Chiapas COMPITCH[204]. Die Dachorganisation von 12 HeilerInnen-Organisationen war 1994 mit dem Ziel gegründet worden, die traditionelle Medizin der Indígenas wiederzubeleben, fortzuführen und für deren Verbreitung in den Gemeinden zu sorgen. Anfang 1998 war COMPITCH von ECOSUR über das Projekt ICBG-Maya informiert, an der späteren Planung jedoch nie beteiligt worden. COMPITCH hat dem Projekt nie zugestimmt und wurde vom Entschluss, das Projekt zu starten, erst nach Abschluss aller Vorbereitungsarbeiten in Kenntnis gesetzt. Ab diesem Zeitpunkt wurde COMPITCH aktiv, organisierte Presseveranstaltungen, wendete sich an den mexikanischen Kongress und startete eine Informationskampagne in den chiapanekischen Gemeinden. Die Vorgehensweise, Methoden und das gesamte Projekt sowie daraus resultierende Rivalitäten und Streitigkeiten wurden aufs Schärfste kritisiert, nachdem die wahren Ziele von ICBG-Maya enthüllt werden konnten. Ein Kommentar von Seiten des COMPITCH lautete folgendermaßen:

"Es ist ein Raub des indigenen traditionellen Wissens und deren Ressourcen mit der Absicht, Medikamente zu produzieren, die auf keine Weise den Gemeinden nutzen, die diese Ressourcen seit einem Jahrtausend nachhaltig pflegen. Außerdem hat das Projekt explizit die Absicht, das Wissen über diese Ressourcen zu patentieren und zu privatisieren, das bisher immer kollektives Eigentum gewesen ist." [205]

Auch kritisierte COMPITCH die Tatsache, dass die ICBG als Eignerin aller möglicherweise entstehenden Patente gelten würde, sowie die völlig unzureichende Regelung der Gewinnbeteiligung: die Gemeinden, aus denen die Pflanzen stammen, sollten nur zu 0,25 Prozent an eventuellen Gewinnen beteiligt werden. Selbst die 0,25 Prozent sollten nicht direkt an die Gemeinden, sondern an die fiktive Vereinigung zur Vertretung der indigenen Interessen PROMAYA gehen, die dann darüber entscheiden sollte, welche Entwicklungsprojekte finanziert werden.[206]

Nicht nur, dass den Gemeinden kein Mitspracherecht eingeräumt wurde, durch die vorgesehene Regelung wäre es auch zu einem Konkurrenzverhältnis zwischen den einzelnen Gemeinden gekommen: nur jenen Gemeinden, die einen Vertrag mit ICBG-Maya haben, wurde das Recht auf Gewinnbeteiligung

---

[204] Regionaler Rat von traditionellen, indigenen Ärzte- und Hebammen-Organisationen

[205] Vgl.: RAFI (heute "ETCgroup"): Organizaciones Indígenas Mayas denuncian proyecto de biopiratería en Chiapas, Presseaussendung vom 1.12.1999
http://www.etcgroup.org

[206] Vgl.: Wullweber, Joscha: Biopiraterie unter dem Deckmantel des TRIPS-Abkommens der WTO. Die neue Bedeutung des geistigen Eigentums und deren Auswirkung auf die Entwicklungsländer - dargestellt am Beispiel ICBG-Maya in Mexiko.
http://www.aktionsinfo.de/weltwirtschaft/texte/biopiraterie.htm

zugesprochen. Alle anderen Gemeinden, in denen die patentierten Pflanzen ebenfalls vorzufinden sind, würden völlig leer ausgehen. Dies hätte zu einer Art Wettlauf der indigenen Gemeinden um einen Vertrag mit ICBG-Maya und Streitigkeiten zwischen benachbarten Gemeinden führen können.
Auch dieser Fall von Biopiraterie hätte in Zusammenarbeit mit Patentierung dazu führen können, dass bestimmte Medikamente oder Verfahren zur Herstellung von Medikamenten patentiert worden wären, die von den Indígenas bereits seit vielen Generationen angewendet wurden. Es hätte ihnen dann rechtlich verboten werden können, diese Medikamente/ Verfahren weiterhin anzuwenden. Auch die Organisation COMPITCH hätte Schwierigkeiten bekommen können, da diese das alte Heilwissen ohne Anspruch auf Gewinnerzielung wieder aufarbeitet und Patente ein solches Vorgehen strafbar machen.
Nach zwei Jahren harter Aufklärungs- und Protestarbeit durch COMPITCH und andere Organisationen indigener Völker erfolgte im November 2001 der angeblich endgültige Schlussstrich unter das Projekt ICBG-Maya, nachdem einer der drei Hauptakteure, *El Colegio de la Frontera Sur* ECOSUR, seine Teilnahme am Projekt zurückgezogen hatte. Bereits knapp ein Jahr zuvor hatte die mexikanische Regierung dem Projekt die Erlaubnis zur biotechnologischen Evaluierung der gesammelten Pflanzen verweigert. Am 9. November 2001 erklärte die US-Regierung, dass das ICBG-Maya "gecancelled " worden sei.[207]
Antonio Perez Méndez, COMPITCH-Sekretär und indigener Arzt, kommentierte dies folgendermaßen[208]:
"La cancelación definitiva del proyecto ICBG-Maya es algo muy importante para nosotros, pero también para todos los pueblos indios de México. Hace más de un año declaramos una moratoria activa a todos los proyectos de bioprospección, para poder discutir en nuestros propias lenguas y ritmos, entender bien lo que contienen estos proyectos y hacer nuestras propias propuestas sobre el uso de nuestro conocimiento y recursos. Queremos asegurarnos que nadie va a poder patentar estos bienes y que los beneficios se puedan seguir compartiendo entre todos. Nuestra lucha está dando frutos."

---

[207] Vgl.: ETCgroup: "Proyecto de biopiratería en México cancelado definitivamente", Presseaussendung vom 9.11.2001
http://www.etcgroup.org
[208] "Das endgültige Scheitern des ICBG-Maya-Projektes ist sehr wichtig für uns, aber auch für alle anderen Indio-Völker Mexikos. Seit mehr als einem Jahr fordern wir ein Moratorium für alle Projekte von Bioprospektion, um in unseren Sprachen und nach unserer Art und Weise verhandeln und mitreden zu können, zu verstehen, was die Projekte besagen sowie unsere eigenen Vorschläge zur Nutzung unseres Wissens und unserer Ressourcen machen zu können. Wir wollen uns davon überzeugen, dass niemand diese Güter patentieren kann und dass wir weiterhin unsere Schätze kollektiv nutzen dürfen. Unser Kampf [das spanische Wort "lucha" meint nicht "Krieg", auch "Kampf" ist nur eine sinnverwandte Übersetzung] hat begonnen Früchte zu tragen". Übersetzung der Autorin

Das Scheitern von ICBG-Maya und der andauernde Widerstand der indigenen Völker von Chiapas zur Verteidigung ihrer kollektiven Rechte über Biodiversität und das traditionelle Wissen, liefern ein gutes Beispiel im Kampf um die zahlreichen Bioprospektionsprojekte in der ganzen Welt. Obwohl die Sensibilisierungs- und Protestarbeit zahlreicher Nicht-Regierungs-Organisationen, der Zivilgesellschaft und kritischer Anthropologen wichtig ist, darf aber nie vergessen werden, dass die indigenen Völker selbst über ihre Belange, über die Anliegen ihrer Gemeinschaften entscheiden müssen. Und niemand darf sich anmaßen darüber zu entscheiden, wer die Interessen der indigenen Gemeinschaften zu vertreten hat. Die Gemeinschaftsrechte der indigenen Völker dürfen ebenso wenig angetastet werden wie das Recht, sich gegen Projekte zu wenden, die ihr traditionelles Wissen und ihre biologischen Ressourcen betreffen, gleich ob sie ihnen schaden oder nicht.

Viele Fragen bleiben trotz des Scheiterns des Projekts ungeklärt. Die wichtigste Frage lautet wohl, was mit den Pflanzen, die bereits vor November 2001 gesammelt wurden, passiert. Dennoch, das Scheitern von ICBG-Maya könnte als Beispiel für indigenen Widerstand gelten für die zahlreichen Projekte von Biopiraterie und Bioprospektion die noch in Lateinamerika, Afrika, Asien und Europa laufen.

„ES IST NICHT NOTWENDIG, EINE NEUE WELT ZU EROBERN, ES REICHT, SIE NEU ZU MACHEN. DURCH UNS. HEUTE."[209]

Der Oberste Mexikanische Gerichtshof erklärte sich vor wenigen Tagen für nicht zuständig, über die 330 Eingaben indigener Gemeinden gegen die sogenannte *ley indígena* zu entscheiden. Im Zeitraum zwischen der Verabschiedung des Gesetzes durch den mexikanischen Kongress vergangenen Sommer und der Einreichefrist für eventuelle Beanstandungen, hat die starke Militarisierung in der Region Chiapas zu einer gespannten Situation geführt: autonome Gemeinden werden wieder starker Repression ausgesetzt, Zapatisten wieder getötet. Die Verhandlungen zu Megaprojekten wie dem PPP erfolgen hinter verschlossenen Türen. Den Beteuerungen Fox', die mexikanische Bevölkerung in Zukunft in die Verhandlungen miteinbeziehen zu wollen, schenken selbst unverbesserliche Optimisten kaum Glauben. Währenddessen setzt die Gentechnologie ihren Kreuzzug zur Veredelung von Leben weiter fort und sorgt mit Hilfe des Patentrechtes für das Eigentum von Leben, in all seinen Formen, in den Händen machthungriger und geldgieriger Konzerne und für die Abhängigkeit der Weltbevölkerung von ihren Produkten. Während in Europa Privatisierungen vormals staatlicher Leistungen (Gesundheitsfürsorge, Elektrizität, Wasser) Hochkonjunktur haben, spielt sich in Mittel- und Südamerika, in Afrika und Asien, der Wettlauf um die letzten, nicht erneuerbaren Ressourcen ab.

Durch das GATS-Abkommen (General Agreement on Trade in Services) sollen weltweit, vorerst in 130 Länder, die vormals öffentlichen Dienstleistungen privatisiert werden. Wer annimmt, dass es sich dabei "nur" um die Privatisierung von Dienstleistungen wie Postdienst, Elektrizität, Museen und Büchereien oder etwa öffentlicher Verkehr geht, liegt falsch: GATS wird das Ende der Grundidee gemeinnütziger öffentlicher Dienste und den Beginn der Liberalisierung des Handels mit Dienstleistungen – mit ALLEN Dienstleistungen – wie etwa Erziehung (auch Pflichtschule!), Gesundheitswesen (Krankenhäuser, Zahnarztpraxen...), Sozialeinrichtungen (z.B. Alten- oder Kinderbetreuung), Medien oder etwa auch Gefängnisse bedeuten. Bisher mehr oder weniger von staatlicher Seite garantierte Leistungen wie Gesundheit, Nahrungssicherheit und Umweltgesetze, sowie die gesamten öffentlichen Dienste werden den Freihandelsgesetzen der WTO geöffnet und an den Meistbietenden verkauft. Die Bereiche gemeinsamen Erbes, wie z.B. Saatgut, Wasser, Kultur, Gesundheitsvorsorge und Erziehung, werden auf dem freien Markt der Vermarktung preisgegeben. Was eine Monopolstellung im Bereich bisher frei zugänglicher Dienstleistungen bedeuten würde, kann nur geahnt

---

[209] Botschaften aus dem Lakandonischen Urwald. Über den Zapatistischen Aufstand in Mexiko. 3. Aufl., Hamburg: Edition Nautilus 2001. S. 238

werden: es würde die Kontrolle über die gesamte Bevölkerung bedeuten. Nicht nur, dass die Preise für Allgemeingüter, wie etwa Wasser, durch die Privatisierung und die angestrebte Konzentration des Marktes in den Händen einiger weniger, in die Höhe schnellen werden, sodass viele Menschen von bisher selbstverständlichen Dienstleistungen ausgeschlossen werden[210], die Privatisierung von Allgemeingütern wird auch zum Denken führen, sie müssten nicht mehr geschützt werden, da man dafür ja bezahle. Die Verantwortung wird auf diejenigen gewälzt, die Macht und materiellen Reichtum durch die der restlichen Bevölkerung geraubten Güter erreichen. Die Menschen der sogenannten Dritten Welt werden von den Privilegien der "Ersten Welt" ausgeschlossen, gleichzeitig werden aber ihre Ressourcen, die Schätze ihres Bodens, das Holz ihrer Wälder, das Wasser ihrer Seen und Flüsse, die Pflanzen ihrer Vegetation und sogar die Gene ihrer Körper ausgebeutet, privatisiert, patentiert und zerstört. Um den Widerstand zu brechen, werden Gewalt, Streit und Missgunst zwischen den indigenen Gemeinden gesät. In der westlichen Welt haben die Menschen die Kontrolle darüber verloren, was sie essen. Die vielfältigen Kulturen müssen einer Einheitskultur weichen, Rückbesinnung auf eigene Geschichte und Traditionen werden als Nationalismus abgestempelt.

Nüchtern betrachtet ist das Bild der Gegenwart ein düsteres. Die Aussichtslosigkeit des Kampfes kleiner Gruppen um ihre Autonomie, ihre Selbstbestimmung in Fragen der Ernährung, Erziehung der Kinder, der Wirtschaft und der politischen Organisation scheint als bereits verloren. Auch die Abhängigkeit der Menschen vom Weltmarkt und seinen Produkten, ob gentechnisch verändert oder nicht, ist bereits fortgeschritten.

Was tun? lautet deshalb die alles entscheidende Frage. Zuallererst muss betont werden, dass die Alchemie, weder als vormoderne noch als moderne Technik, bis hin zur Gentechnologie, ihr Ziel (bisher) erreicht haben: die Alchemisten haben ihren Homunculus nie geschaffen, die Natur konnte nie perfektioniert werden und ein "besseres" Leben außerhalb des Mutterleibes ist auch nicht entstanden. Die Übernahme des Ursprungs des Lebens ist also immer noch "nur" ein Projekt - ein Projekt, an dessen Ende die totale Zerstörung steht. Die alchemistische Methode des "Löse und Binde", die, wie wir gesehen haben, in den verschiedensten Bereichen - praktisch in allen Bereichen des Lebens - zu finden ist, lässt aber keinen Sieg über die Natur zu, der nicht selbstzerstörerisch wäre. Die Natur kann verschmutzt, ausgebeutet, zerstückelt, missbraucht,

---

[210] Am Beispiel der bolivianischen Stadt Cochabamba werden die verheerenden Folgen der Privatisierung des öffentlichen Stadtwassersystems deutlich. Nachdem ein US-Wasserunternehmen das Stadtwassersystem erstanden hatte, wurden die Wasserpreise derart erhöht, dass viele ländliche Familien von Cochabamba bis zu einem Drittel ihres Einkommens für ihr Wasser bezahlen mussten.
Vgl.: Barlow, Maude: GATS – Die letzte Grenze der Globalisierung, in: The Ecologist, Februar 2001

vergewaltigt und annähernd zerstört werden, ersetzt werden kann sie aber nicht. Das Patriarchat und die ihm immanenten Methoden der Alchemie in ihren verschiedenen Varianten sind zum Scheitern verurteilt, die Frage lautet nur, ob auch die Menschen daran scheitern werden, oder ob sie das Patriarchat und seine Instrumente überwinden können.
Obwohl uns die Folgen des Technologiewahnes täglich vor Augen gehalten werden (Kriege, BSE ...) halten die Politiker der Welt weiter daran fest.
Und dennoch... Es gibt einen Wind, einen Wind von unten, einen Wind der Würde und der Rebellion, um einmal mehr mit den Worten von Subcomandante Marcos zu sprechen. Die Kritik an der naturwissenschaftlichen Technik und dem unbeirrbaren Glauben an sie wächst. Vor allem die Gentechnologie und ihre Horrorszenarien, die real werden könn(t)en, hat viele Menschen zu einem Umdenken und einer kritischen Auseinandersetzung mit moderner Technik bewogen. Auch die vom Kapital vorgegebenen Prinzipien, der Neoliberalismus und seine Helfershelfer Freihandelsverträge, Privatisierungen, Patentwesen usw. werden von immer mehr Bewegungen angeprangert. Naturkatastrophen wie die Überschwemmungen im vergangenen Sommer und die Dürre und Ernteausfälle im Süden haben dazu geführt, dass sich breite Teile der Bevölkerung einerseits mit den Ursachen für die Klimaveränderungen befassen und andererseits zu verstehen beginnen, dass man die Natur nicht wirklich beherrschen kann. Nachhaltiger Umgang mit den Ressourcen und kritisches Kaufverhalten sind nicht mehr untrügliche Erkennungszeichen für grüne Ökofreaks, sondern vor allem bei Frauen immer mehr zu finden. Den Versprechungen von Technik und Werbung zum Trotz hat sich ein kritisches Kaufverhalten einigermaßen durchsetzen können, die Konsumenten beginnen, die Kauf-Kraft als Mittel der Durchsetzung von Forderungen wiederzuentdecken: Produkte von Konzernen wie Shell, McDonalds, Nike oder Nestlé werden aufgrund der ausbeuterischen und menschen-rechtsverletzenden Arbeitsbedingungen in ihren Unternehmen sowie ihrer Umweltpolitik boykottiert. In den Ländern der sogenannten "Dritten Welt" haben viele Menschen, **ent-täuscht** von den Versprechungen von Entwicklungshilfe und Modernisierungsprogrammen, vom Mythos der nachholenden Entwicklung Abstand genommen. Das hoch propagierte Ziel des Aufschließens zur Ersten Welt wurde vielerorts fallengelassen und machte einem bewussten Umgang mit der jeweiligen Vergangenheit und der Verknüpfung von Tradition und Gegenwart Platz.[211]
Gerade diese Ent-Täuschung ist notwendig, um einem fruchtbaren und nachhaltigen Umgang mit Natur Platz zu machen. Die Grenzen moderner Technik werden dabei akzeptiert und nicht dauernd zu überwinden versucht. Für Länder wie Mexiko liegt der Schlüssel des Problems in der

---

[211] Siehe Cuba, wo nach dem Scheitern des Sozialismus 1989 zur Subsistenzwirtschaft übergegangen wurde.

Ernährungssouveränität. Wenn die Indígenas sich wieder vermehrt auf ihre traditionelle Art des Anbaus, die *milpa*, und auf die Stärke der lokalen Gemeinschaften besinnen, können sie vom Mythos der Entwicklung Abstand nehmen, deren Programme doch im Grunde immer nur das Ziel der Kontrolle und der Assimilierung der Indígenas hatten. Die Haushalte werden wieder weniger anfällig für schlechte Erntejahre, für die Abhängigkeit von Abnehmerpreisen und den Zwang des Zukaufs von Lebensmitteln als sie es beim Anbau von Monokulturen sind. Erfahrung und Erinnerung sollten wieder Werte sein, die einer hohen schulischen Ausbildung zumindest gleichgestellt sind. Die *Universidad de la Tierra* in Oaxaca beispielsweise ist eine Universität, die es den Studenten ermöglicht, *von* der Erde zu lernen, nicht *über* die Erde. In verschiedenen Kursen bzw. Studienrichtungen, so zum Beispiel Umweltwissenschaften, Sozialwissenschaften, ganzheitliche Heilkunde und regionale Wirtschaftswissenschaft sollen die TeilnehmerInnen während ihres Studiums insbesondere den regionalen Strukturen und Besonderheiten Oaxaca's und Mexiko's Rechnung tragen. Eine Ausbildung also, die weniger auf Uniformität, sondern vielmehr auf das Kennen der Region und ihrer besonderen Notwendigkeiten ausgerichtet ist. Bisher war die schulische Ausbildung immer vom Zentralstaat ausgegangen, der die Schule als Instrument der Um-Erziehung (von Indígenas zu fügigen Bürgern des modernen Mexiko) gebrauchte. Die *Universidad de la Tierra* ist der Versuch eines neuen „indigenen", unabhängigen und praxisorientierten Schulkonzeptes in der Region Oaxaca. Ein weiteres Projekt sieht in den Grundschulen die Einführung eines regionalen Geschichtebuches, eines regionales Geographiebuches, sowie eines Buches über den Gebrauch der jeweiligen (indigenen) Muttersprache, und in der Oberstufe Schulbücher über die Ernährungsgewohnheiten der Region, über traditionelle Medizin, über das Konstruieren von Häusern und über die Formen sozialer und politischer Organisation in Oaxaca vor.

Neben neuen Formen von Erziehung und Ausbildung wurden auch bereits neue Formen der politischen und zivilen Organisation, in denen Verantwortung nicht nur ein leeres Wort ist, geschaffen. Ausdruck dafür sind die autonomen zapatistischen Gemeinden. *Tierra y libertad*, Land und Freiheit, ist die oberste Forderung der Zapatisten. Sie sind diejenigen, die von der Agrarfrage unmittelbar betroffen sind und tagtäglich in die zahlreichen Konflikte um Land verwickelt sind. Das Land ist der Ort der Wurzeln, ein Ort, den niemand wie eine Ware besitzen kann. Die Reform des Artikels 27 der Verfassung hat das bis dahin gültige Verbot, Land zu verkaufen, zu übertragen oder zu überschreiben, aufgehoben. Damit wird den Indígenas und Campesinos die Möglichkeit zur Selbstversorgung genommen. In der Kosmovision der Indígenas wird *Land*, über den zu bewirtschaftenden Boden hinaus, als die Mutter aller Menschen, Tiere und Pflanzen betrachtet. Wenn Indígenas der Zugang zu ihrem Land verwehrt wird, wird ihnen die Möglichkeit zur Subsistenz, zur

Selbstbestimmung und zum Leben genommen. Der Widerstand gegen die Mächtigen des Dorfes, der Region, des Landes und darüberhinaus, wird zur überlebensnotwendigen Bedingung. Eine weitere Öffnung der Märkte und ein Wegfall der noch verbleibenden Handelsbeschränkungen sind weltweit eine Last für die einheimische Produktion - für den Maisanbau in Chiapas ebenso wie für die Milchprodukte in Südtirol. Offene Märkte und weniger Handelsbeschränkungen begünstigen zwar vor allem die subventionierten Produkte des Nordens, zunehmend setzen sich aber auch im Norden selbst Konzerne durch, die ihre Produktionsstätten gerade dort haben, wo die Arbeitskraft und die Produktionsbedingungen zur Zeit am billigsten sind. Ebenso wie es in Mexiko billiger ist, den US-Mais zu importieren als eigenen Mais anzubauen oder etwa mexikanischen Mais zu kaufen, ist es in Südtirol billiger, Fleisch, Butter oder etwa Kartoffeln zu importieren (meist aus Osteuropa), als das Fleisch, die Butter oder die Kartoffeln aus Südtirol zu kaufen. Leider messen viel zu viele Menschen ihre Lebensqualität und ihren Wohl-Stand an der Menge, und nicht an der Qualität der Produkte, die mit der Kaufkraft gekauft werden können. Die Menschen sollten wieder vermehrt auf Lebensqualität setzen und nicht auf die Vorgaben von Werbung und Hollywoodfilmen. Wir im Westen haben es verlernt, zu genießen bzw. es wurde uns eingebläut, Genuss und Wohlbefinden habe etwas mit Überfluss zu tun, die verschiedenen Formen von Sucht legen Zeugnis davon ab. Besinnen wir uns wieder unserer Wurzeln. Damit ist nicht gemeint, dass jeder von uns einen Bauernhof bewirtschaften soll, sondern dass wir einmal damit beginnen, die wertvolle Arbeit und das Wissen der Bauern und Bäuerinnen und vor allem den Bauern und die Bäuerin selbst wieder zu schätzen, und nicht als überholt, altmodisch und überflüssig abzutun. Wir sollten die hochwertigen Produkte der Bauern in unserer Umgebung wieder schätzen: die Äpfel aus Südtirol und nicht die Mangos aus Australien, den Tee vom Kräuterbauern des Tales und nicht den Päckchen-Tee (der zudem wenig von dem enthält wonach er schmeckt) aus dem Diskount, das Brot vom Bäcker im Dorf und nicht das konservierte Brot aus der Brotfabrik. Und wenn es denn einmal Basmati-Reis oder Orangensaft sein soll, wieso denn dann nicht als fair gehandelte Produkte aus dem Weltladen? Eine frühere Kampagne der Weltläden lautete "Orangensaft aus Kinderarbeit schmeckt bitter". Und wie bitter schmecken Kaffee, Schokolade oder Reis, wenn die Bauern nur knapp über und oft unter dem Existenzminimum produzieren müssen? Wie einfach, aber auch scheinheilig ist es, die Produkte aus Super-Diskounts zu kaufen und dann einmal im Jahr Geld für Entwicklungshilfe zu spenden? Leider freuen sich immer noch zu viele Menschen darüber, Produkte zu entdecken, die billiger als bisher eingekauft werden können, anstatt darüber nachzudenken, welcher Mechanismus dahintersteckt, wenn Produkte, die um den halben Globus transportiert werden müssen, billiger sind als Produkte, die es beim Bauern ums Eck zu kaufen gibt. Die Bauernmärkte und Bio-Läden mit den zugegebenermaßen teureren Produkten sollen dazu animieren, wieder die Qualität an den Produkten zu entdecken und das uns überall vorgelebte Streben nach Quantität, das "mehr und immer mehr", zu überholen. Wir dürfen die einheimischen Produkte oder die teureren, aber fair gehandelten Produkte, genießen und tragen gleichzeitig dazu bei, die Kleinlandwirtschaft der Bauern und Bäuerinnen im Süden zu erhalten. Entwicklungshilfe wird überflüssig, wenn wir der Bevölkerung im Süden die Möglichkeit geben, ihre Produkte selbst zu konsumieren und eventuelle Überschüsse zu von ihnen festgesetzten Preisen zu exportieren. Auch den ProduzentInnen im Süden soll ein sicheres Einkommen, das ein Leben in Würde, menschenwürdige Arbeitsbedingungen, und soziale Absicherung, Kriterien die bei uns längst (oder besser gesagt: noch) zum Standard gehören, zugestanden werden. Ein beachtlicher Nebeneffekt des kritischen Kaufens ist auch der Schutz der Umwelt.

Blumen müssen wie die Hoffnung gepflegt werden. Und die Hoffnung nach einer besseren Welt ist real, wenn wir alle dazu beitragen. Sollte die Natur wirklich restlos zerstört werden, werden uns weder ein sicherer Arbeitsplatz, noch ein tolles Häuschen im Grünen, noch ein pralles Bankkonto etwas nützen: *"...dann kann man sehr wohl wetten, dass der Mensch verschwindet wie am Meeresufer ein Gesicht im Sand."*[212]

Aber noch ist es nicht soweit. Noch haben wir die Möglichkeit, die Gestaltung der Zukunft wieder in die Hand zu nehmen und zu einer besseren Welt beizutragen. Seien wir kritisch und sagen wir *"ya basta"*[213] - es reicht!

---

[212] Focault, Michel: Die Ordnung der Dinge. Eine Archäologie der Humanwissenschaften. 12. Aufl., Frankfurt am Main: Suhrkamp 1993. S.462
[213] Ya basta: spanischer Ausdruck für "Es reicht, Schluss damit". Der Ausdruck *Ya basta* steht für den Aufstand der Zapatisten.

Literaturverzeichnis

- Agrawal, A.: Geistiges Eigentum und indigenes Wissen: Weder Gans noch goldene Eier, in: Flitner, M. u.a. (Hg.): Konfliktfeld Natur. Biologische Ressourcen und globale Politik, 1998
- Batalla, Guillermo Bonfil: México profundo. Una civilización negada, México D.F., Editorial Grijalbo, 1994
- Bitterli, Urs: Die "Wilden" und die "Zivilisierten". Grundzüge einer Geistes- und Kulturgeschichte der europäisch-überseeischen Begegnung. Verlag C.H.Beck, München, 1991
- Bodley, John H.: Der Weg der Zerstörung. Stammesvölker und die industrielle Zivilisation. Trickster, München 1989
- Bolz, Peter: Indianer als Öko-Heilige? Gedanken zur Entlarvung eines neuen Klischees, in: Lindig, Wolfgang (Hg.): Nordamerikanische Indianer in der Gegenwart. Deutscher Taschenbuch Verlag, München 1994
- Boris, Dieter: Zur politischen Ökonomie Lateinamerikas. Hamburg, VSA, 2001.
- COMPITCH/RMAL/CIEPAC: Pukuj, Biopiratería en Chiapas, San Cristóbal de Las Casas, Mexiko. 2000
- Delumeau, Jean: Angst im Abendland. Die Geschichte kollektiver Ängste im Europa des 14. bis 18. Jahrhunderts. Rowohlt Taschenbuch Verlag, Reinbek bei Hamburg, 1989
- Esteva, Gustavo: Crónica del fin de una era, México D.F.: Editorial Posada 1994
- Esteva, Gustavo: Fiesta - jenseits von Entwicklung, Hilfe und Politik. 2., erweiterte Neuaufl., Frankfurt a.M.: Brandes & Apsel Verlag 1995
- Esteva, Gustavo: Mexico: Creating your own path at the grassroots, in: Bennholdt-Thomsen, Veronika/ Faraclas, Nicholas/ Werlhof, Claudia von [Hrsg.]: There is an Alternative. Subsistence and worldwide resistance to corporate globalization. London, New York: Zed Books, 2001
- Fink-Eitel, Hinrich: Die Philosophie und die Wilden. Über die Bedeutung des Fremden für die europäische Geistesgeschichte. Junius Verlag, Hamburg, 1994
- Flitner, Michael: Lokale Gemeingüter auf globalen Märkten, in: Klaffenböck, Gertrude [Hrsg.]: Biologische Vielfalt: wer kontrolliert die genetischen Ressourcen? 1. Aufl.- Frankfurt a.M.: Brandes und Apsel; Wien: Südwind, 2001
- Flitner, Michael: Sammler, Räuber und Gelehrte. Pflanzengenetische Ressourcen zwischen deutscher Biopolitik und internationaler Entwicklung 1890-1994. Hamburg, 1994
- Focault, Michel: Die Ordnung der Dinge. Eine Archäologie der Humanwissenschaften. 12. Aufl, Frankfurt am Main: Suhrkamp 1993

Beiträge zur Dissidenz

Herausgegeben von Claudia von Werlhof

Band 1 Renate Krammer: Frauenpolitik. 1996.

Band 2 Doris Miller: Über – Gänge. Ein Plädoyer gegen die gespaltene Existenz der Menschen und für eine abenteuerliche Reise in eine bewegte Welt. 1996.

Band 3 Alex Fohl: Gratwanderungen. Autonomie und Pathologie. 1996.

Band 4 Sibylle Hammer: Humankapital. Bildung zwischen Herrschaftswahn und Schöpfungsillusion. 1997.

Band 5 Doris Schober: Angst, Autismus und Moderne. 1998.

Band 6 Michael Stark: vom Grund. 1998.

Band 7 Gerhard Diem: Über die Melancholie. In der Spannung von Last und List, Apokalypse und Aufklärung. 1999.

Band 8 Renate Genth: Frauenpolitik und politisches Handeln von Frauen. Ein Versuch im Licht der Begrifflichkeit von Hannah Arendt. 2001.

Band 9 Michaela Moser: Drogen und Politik. Dionysische Welten und die gereinigte Gesellschaft. Überlegungen zur staatlichen Heroinabgabe anhand von Erfahrungen aus Tirol. 2001.

Band 10 Renate Genth: Über Maschinisierung und Mimesis. Erfindungsgeist und mimetische Begabung im Widerstreit und ihre Bedeutung für das Mensch-Maschine-Verhältnis. 2002.

Band 11 Jürgen Mikschik: Wider die Metaphysik. Patriarchale Leibes-, Lebens- und Liebesvorstellungen und ihre gesellschaftspolitische Wirksamkeit. 2002.

Band 12 Elisabeth Sorgo: Die Brüste der Frauen. Ein Symbol des Lebens oder des Todes? Brustkrebs als Audruck der "Kränkung" von Frauen im Patriarchat. 2003.

Band 13 Barbara Thaler: Biopiraterie und Indigener Widerstand. Mit Beispielen aus Mexiko. 2004.